宮本佳実
ワークライフスタイリスト®

やっぱりお金もラクチン♡カンタンがうまくいく

KADOKAWA

ずっと憧れていた
好きなことを好きなときに
好きなだけして
豊かになる人生。

「特別な人にしか
そんな人生、
与えられるわけない!!」

そんなふうに
思い込んでいた私にも
ある日、
憧れの世界の扉が現れた。

その世界へ行くための
重要な鍵は
自分の「好き」。

私の「好き」を
集めて、味わって、
色濃くして、
自分だけのスペシャルな鍵で、
憧れの世界の扉を開けよう。

さあ、扉が
いつ現れてもいいように
今日も「好き」を育てよう。

PROLOGUE

はじめに

あなたはもっとカンタンに、自由に豊かになれる♡

こんにちは、宮本佳実です。この本を手に取っていただきありがとうございます。

私は、「可愛いままで起業できる♡」「好きなことを好きなときに好きな場所で好きなだけ♡」をコンセプトに、新しい働き方と生き方を提案しています。

ＡＩの進化や働き方改革などを受けて、働き方についてあらためて考えさせられることが増えたという方は多いのではないでしょうか。その中で、もっと自由に楽しく、そして思っているよりもカンタンに豊かになれるとしたら、あなたはどうしますか？

収入源を増やして、より人生を楽しく豊かにすることは、じつはそれほど難しいことではありません。「節約」に使うエネルギーを「好きなこと」に向けて働き方をカスタマイズすると、楽しいし、より効率的なんです。

かつての私は、「お金がない」が口ぐせでした。

しかし、「好き」を仕事にして夢中になったら、収入が上がり、自由な時間が増え、大好きな仕事、大好きな仲間、そして自由に使えるお金に囲まれた生活が実現しました。

私が提案する働き方は、自分の「好き」や「得意」——そう、人よりも「ラクチン」に「カンタン」にできることを仕事にする方法です。

学生時代は、「全教科で平均点以上を取ること」が課題でしたが、大人になったいま、不得意なことにエネルギーを使うなんて、ナンセンス！

自分が「ラクラクできちゃうこと」に大きなエネルギーを注いで夢中になれば、もっと自由に、もっと賢く、そしてカンタンに成果が出てしまうのです。

「私には、人より得意なことなんてない！」と思ったとしても、大丈夫。

PROLOGUE

私は、「自分自身を仕事にする」という方法を日々お伝えしていますが、誰にでも、必ず「仕事になる自分」があるので、本書を通してそれを一緒に探っていきましょう。

この本は、好きなことを模索している「リエちゃん」という女性との会話形式で書き下ろしました。きっと、あなたにも「わかる！」「私も同じことを思っていた」と共感しながら読んでいただける部分があるはずです。

私自身も、リエちゃんの問いかけに、「わかるわかる！　過去に私もずっと同じこと考えてた！」って、毎回うなずきながら回答していきましたから。

「好きなこと」を仕事にするときは、ショートカットをしようと焦ってはいけません。私も最初はメインの仕事を持って、副業からスタートしました。サブで「好きなこと」「楽しいこと」「やりたいこと」を始めてみたら、こんなにうれしいことはないってくらい感動にあふれた毎日を送っていました。そして気がつくと、本業と副業の壁がなくなってきて、自分の「好き」や「やりたいこと」が仕事になりました。

いまでは、こうして作家として本を出し続けることができ、ビジネスも年商で億を超えるまでに発展しています。

私のスタートは、「もっとお金が欲しい！」「もっと自由な時間が欲しい！」「もっともっと好きなことしたい!!」という純粋な気持ちだけでした。

世の中をもっとよくしたい！　とか誰かの役に立つんだ!!　とかそんな大きな志があったわけではありません。

そんな自分勝手なこと思っていいの？　と思っている方。もちろん、いいんです♡

その自分の気持ちを丁寧にくみ取って、一つひとつ、実行したら、夢に思い描いていた「未来」が「いま」になり、自分の「うれしい」「楽しい」が誰かのよろこびにつながるのです。

この本を読み終えたあと、お金の心配も、未来の心配もなくなって、「いま、このとき」を夢中に楽しめる素敵なあなたになっていますように♡

宮本佳実のお金年表❤

お金の流れがわかれば
可愛いままで年収1000万円は
叶えられる！

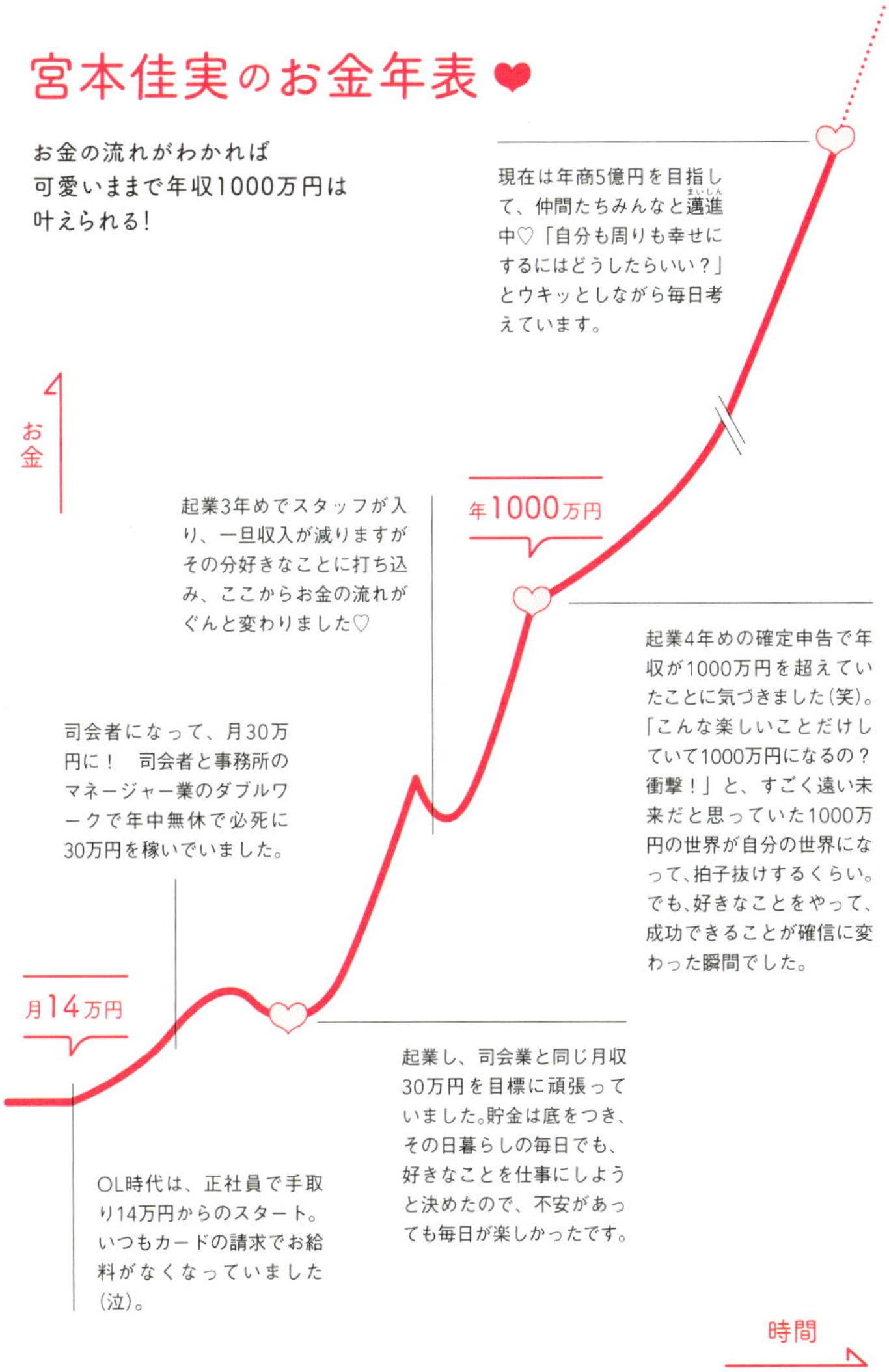
お金
時間
月14万円
年1000万円
OL時代は、正社員で手取り14万円からのスタート。いつもカードの請求でお給料がなくなっていました（泣）。
司会者になって、月30万円に！　司会者と事務所のマネージャー業のダブルワークで年中無休で必死に30万円を稼いでいました。
起業し、司会業と同じ月収30万円を目標に頑張っていました。貯金は底をつき、その日暮らしの毎日でも、好きなことを仕事にしようと決めたので、不安があっても毎日が楽しかったです。
起業3年めでスタッフが入り、一旦収入が減りますがその分好きなことに打ち込み、ここからお金の流れがぐんと変わりました♡
起業4年めの確定申告で年収が1000万円を超えていたことに気づきました（笑）。「こんな楽しいことだけしていて1000万円になるの？衝撃！」と、すごく遠い未来だと思っていた1000万円の世界が自分の世界になって、拍子抜けするくらい。でも、好きなことをやって、成功できることが確信に変わった瞬間でした。
現在は年商5億円を目指して、仲間たちみんなと邁進《まいしん》中♡「自分も周りも幸せにするにはどうしたらいい？」とウキッとしながら毎日考えています。

Contents

LESSON 1

「お金」の不安を手放そう

LESSON

2

「賢いお金持ち」にいますぐなる♡

LESSON

3

やっぱりお金もラクチン♡カンタン

LESSON 4

「エネルギー」がお金も幸せもたくさん連れてくる

LESSON 5

「年収1000万円」に近づくためのヒント♡

LESSON 6

よしみ流「好きなことで稼ぐ」実践編

まとめ

LESSON 7

誰にだって大大大成功♡が待っている

装丁・本文デザイン_
吉田憲司(TSUMASAKI)
カバー写真_
川原崎宣喜
口絵写真_
Mario Suzuki
イラスト_
寺門朋代(TSUMASAKI)
DTP_
センターメディア
校正_
麦秋アートセンター

登場人物紹介

よしみ（宮本佳実／37歳）

作家、ワークライフスタイリスト®。高校を卒業後、アパレル販売員やブライダルの司会業を経て、28歳でパーソナルスタイリストとして起業。名古屋に「女性のためのスタイリングサロンビューティリア」をオープン。32歳でサロン運営を組織化し、1人でも多くの人に「好きなことで収入を得る楽しさ」を伝えるコンサルティングを開始する。SNS、書籍、セミナーを通じて、女性の新しい働き方と生き方（ワークライフスタイル）を発信している。

リエ（33歳）

ニューヨーク在住のOL。大学卒業後、大手人材会社に営業として７年間勤務。「ニューヨークに住みたい！」という長年の夢に向けて一念発起し、5年前に現地での転職に成功。現在は求職者へのキャリア支援や司会業などをこなし、会員数500人超の社会人向けビジネスコミュニティの運営メンバーとしても活動。目下の悩みは、夢を叶えて憧れの街に暮らしたものの、お金と将来への不安が消えなくて毎日を心から楽しめないこと。

サメコ（33歳）

リエの友人。大学卒業後に大手IT企業に就職し、広告制作やイベント企画運営に携わる。3年前に夫の海外転勤でニューヨークへ渡りライターに転身。現在は新聞や各種メディアにて、コラムやインタビュー記事を執筆している。また一人も知り合いがいない不安から、ニューヨークに住む20～30代の女性たちをつなぐコミュニティ「ニューヨーク女子部」を主宰。現在の会員数は約700名。夫と二人暮らし。

LESSON

1

「お金」の不安を手放そう

私がニューヨーク在住のサメコちゃんと出会ったのは2016年のことでした。

私の本を読んで大ファンになったと、共通の友人を通じて連絡をくれたのです。

「会いたい」とご連絡をくださる方はたくさんいらっしゃるのですが、すべての方とお会いできる時間はやはりなく、その中で、直感的に私が「サメコちゃんと会ってみたい」と思ったのは、初めてのメールでこんなことを書いてくれたからでした。

彼女は、私がニューヨークに憧れていることや、『セックス・アンド・ザ・シティ（以下、SATC）』というアメリカの連続ドラマの大ファンで、登場人物のコラムニストのキャリー・ブラッドショーが大好きなことをリサーチしてくれていました。

その上で、サメコちゃんは、「どうアプローチしたら、よしみさんは興味を持ってくれるだろう？」と考えて、「ニューヨークでよしみさんのセミナーを企画させていただくこともできます」と、ものすごく私がワクワクする提案をしてくれたのです。

そこで私から、「ぜひ一度、お話伺いたいです！」とコンタクトを取り、一時帰国していたサメコちゃんと東京でお会いしました。初対面ながら「SATCの撮影名所を読者の方たちと一緒に巡る『一緒にキャリーになってみない？　ツアー』なんてどうかな？」と、会話は大盛り上がり。

じつは、私はまだそのとき一度もニューヨークに行ったことがありませんでした。だけど、ニューヨークに暮らしていて、パワフルな行動力を持つサメコちゃんと話していると、すぐにでも実現できそうな気分になったのを覚えています。

それから1年後、初のニューヨークツアーがついに実現。サメコちゃんはツアー行程を考えるだけではなく、レストランなどのアポイント取りや当日のアテンドも引き受けてくれました。ツアー当日、サメコちゃんがアシスタントとして連れてきてくれたのが、今回の主役、リエちゃんです。

リエちゃんは、会って5秒で「仕事のできる人だ」とわかるくらいテキパキした人でした。そして、とっても素直で、可愛くて真面目。私は、すぐに彼女を大好きになりました。2人とはそれ以来のお付き合いで、私がニューヨークに行くのは今回で5回目です。

2回目の開催となる「キャリーツアー」のスタッフもサメコちゃんとリエちゃんにお願いすることにしました。晴れた昼下がり、私は久しぶりの再会にワクワクしながら、2人と待ち合わせたミッドタウンにあるカフェに向かったのです。

みんなお金に困ってる？

よしみ　2人とも元気そうでうれしい！　今回のツアーでもお世話になります。

サメコ　よしみさん、ようこそニューヨークへ♡　私たちもこのツアーを心待ちにしていました。どうぞ、よろしくお願いします。

リエ　すでにツアーの下見もバッチリです！

よしみ　いつも本当にありがとう！　そういえば、日本に戻ったら次の本を書こうと思っているの。できれば、2人が「お金」について知りたいことを聞かせてもらえないかな？

リエ　次の本は、お金がテーマなのですね！　私、お金と仕事のことで本当に悩んでいて、よしみさんにいろいろ聞きたいと思っていたところなんです！　本当にたくさん聞いちゃっていいですか？

よしみ　もちろん！　お金に対する悩みや不安って、程度が違うだけで、みんなが持っているものだと思うの。じゃあね、いまリエちゃんがお金に対して困っていることを、この紙に書き出してみてくれる？

こうしたひょんな形で、私がニューヨークに滞在した間、リエちゃんの「お金の悩み相談」が数回にわたって開催されました。リアルなお悩みと私のアドバイスをみなさんにシェアすれば、「お金」について学んでいただけるのではと思って書いたのがこの本です。

リエちゃんは、私と一緒にいた2週間で周囲がびっくりするくらい「変わった」といいます。考え方もそうですし、あふれ出す表情や言動、そして起こる出来事もどんどん変化していったそうです。

さて、リエちゃんにいったいどんな変化があったのでしょうか？　それについては、これから本書でたっぷりとお伝えしていきたいと思います。

まずは‼「お金の悩み」を書き出そう

リエ うーん、お金の悩みがたくさんありすぎて、何から書けばいいのか……。

よしみ 悩みを「プライベート」と「仕事」に分けて、思いつくことをすべて書いてみて。時系列でもいいし、気になる順でもいいよ。

リエ なるほど。1枚の紙で足りるかしら（笑）。やってみます！

よしみ リエちゃんはいま、ニューヨークにある企業で正社員として働いているんだよね。

リエ そうなんです。手取り自体は日本のOLさんと同じくらい。でもニューヨークは物価がとっても高くて、3人のルームメイトと住むシェアハウスに住んでいろいろ切り詰めても、日本にいるときに貯めた貯金が底をつきました。夢のニューヨーク生活を実現したけど、現実は甘くないです。

リエちゃんのお悩み一覧

プライベート

- ニューヨークに転職してからお給料が下がり、
  とうとう日本で貯めた貯金が0円になる
- 「やりたい!」と思っても、すぐに「でも、お金ないし……」
  と考えてしまって踏み出せない
- とか言いながら、自分は「お金がない」ことを言い訳にして
  踏み出すのを怖がっているだけではないのか?
  そんなことを繰り返し考える負の∞ループにハマる
- お金を貯めるために毎日、細かい工夫をしていた(1)
  でも、まったく貯蓄できずストレスだけが溜まる結果に
- 「お金は幸せとの交換のチケット」だと思っているのに、
  いざクレジットカードの請求がくると落ち込む(2)
- 周りは裕福な駐在員が多くて、金銭感覚が違う。
  もっと一緒に遊びたいし、旅行だってしたい。
  でも、誘われると、つい「いくらかかるの?」と聞いてしまう。
  言動までカツカツしている自分がイヤ
- 旅行や食事のグレードを妥協せずに楽しんでいる人を見ると、
  うらやましさのあまり卑屈になってしまう
- 結婚式や誕生日などお祝いごとに使うお金まで、
  コストカットできないか脳内で電卓を叩いている自分が悲しい

仕事

- ニューヨークに来てから、お給料に対する考え方と
  働き方が堂々巡りになっている
  ①「お給料の金額」は、自分の仕事が社会に与える価値で決まる
  →② はたして、そんな高い価値のある働きが自分にできるだろうか?
  →③ いまのお給料で満足するのが安定であって、安心なのかな……
  →④ 何もしない
  →⑤ でも、本当はもっと自分の能力を出しきりたいし、
  成果がお金になる環境でワクワクしたい!
  →① に戻る

よしみ　（リエちゃんのお悩み一覧を見て……）すごいわかる！　7年前、ＯＬ時代の私も、「お金がないから自分にはできない」って二の足を踏むことが本当に多かったんだよね。リエちゃんが書いてくれた「お金を貯めるために毎日、細かい工夫をしていた(1)」って、具体的にはどんなことをしていたの？

リエ　えっと、

・家計簿をつける
・飲み物は3本1ドルで買える水を持ち歩く
・コーヒーは外で買わない。原則、自宅で淹《い》れる
・朝食はバナナ1本、ヨーグルト1個など、1ドル以内に収める
・お昼はお弁当を持参。20ドル以内の予算で5日分を作り置きして冷凍。そのため、5日ローテーションで同じメニューが続く
・食事会は、いつもポットラックパーティー（家に友人を招いて自炊）。少ない予算でいろいろなものが食べられるし、みんなもよろこんでくれる。自分が招かれたときは、できるだけ見栄えがして、安いものを探しまくる
・コインランドリーのドライヤー（乾燥機）代を節約するため、すべては乾

燥させないで部屋干しする

なんだか細かすぎて恥ずかしくなってきましたけど（笑）、こんな感じでしょうか？

サメコ よしみさん、リエちゃんは節約上手な上に、お料理がすごく上手なんです。いつも、みんなに大人気なんですよ。

リエ でも、節約を意識しすぎてたまに自分で自分に爆発しちゃうときがあるんだよね（笑）。

よしみ 目の前の節約に躍起になると、ガマンしすぎちゃうんだよね。収入の範囲で生活を回す努力は大切なことだけど、爆発しちゃうくらいなら、素敵なカフェでお茶を楽しむとか、節約の「息抜き」も必要かもね。あらためて、こうやって「お金にまつわる悩み」を紙に書き出してみて、どう？

リエ うーん、こうやって文字にしてみると、かなり細かいことを気にして、小さいことに悩んでたんだなぁと（笑）。

よしみ そう思ったのなら、一つ収穫だね。リエちゃんは自分の現状を客観視できたってこと。モンモンとした思いを言葉にしてアウトプットしてみると、自分の気持ちと素直に向き合えて、何をどう解決したいのかが見えてくるでしょ？

いま抱いている不満と不安を把握することが、お金のレッスンの第一歩なの。じゃあさ、このお悩み一覧の現実がどう変わったら、リエちゃんの悩みは解決する？

リエ　まず根本的にお給料が上がったらいいいな。そうすると節約のことを考えなくてよくなるから。

よしみ　リエちゃんの欲しい未来が見えてきたね。じゃあ、どんどん話を進めていこう！

毎月届くカード明細は「幸せ交換」のチェックシート

よしみ 「いざクレジットカードの請求がくると落ち込む(2)」。これも、すごくわかる(笑)。

私ね、いまは「豊かさ」や「お金」に関することもたくさんお伝えしているけれど、もともとは「自分はお金に恵まれない星のもとに生まれたんだ」って、本気で思っていたの。いつも明細書の封筒を開けるときにはドキドキ。で、請求額を見て「こんなの払えない！」って泣いたりして。使ったのは自分なのにね(笑)。

リエ よくわかります！ 請求書は、「いまからお金が減りますよ」っていう予告状みたいですよね！

よしみ だけど本当は、「あなたはこの金額を幸せと交換しましたよ」って、お知らせしてくれているだけだよね。しかも、幸せは先払いで代金はお立て替え。なんて親切（笑）。そのことに気づかないと、あの請求書に怒りさえ覚えたりするんだよね。

リエ 私は、よしみさんがおっしゃる「お金は幸せとの交換チケット（拙著『可愛いお金持ち養成講座』WAVE出版刊参照）」って言葉に納得しているようでいて、まだストンとおなかに落ちきっていなかったのかも。

よしみ まず、カードの明細書が届いたら、**「この金額と幸せをちゃんと交換できたかな？」**って、チェックしてみて。そうすると、「あぁ、今月もこんなにうれしい幸せと交換できた♡」「この分は、交換しなくてもよかったかも」って、自分の中の満足度と不満足度がハッキリするはず。このおさらいは、自分の「お金と幸せを交換するレート」をバージョンアップさせるのに役立つよ。

リエ なるほど！　来月のカード明細を見るのが、ちょっと楽しみになりました（笑）。

「欲しいもの」がわかれば未来の不安が減る

リエ 節約しても焼け石に水で、貯金できないことが不安で仕方ありません。

よしみ 読者の方からも、「この先、お金に困らないか不安」「このままだと老後が不安」って質問がものすごく多いの。でもね、じつは不安は不安しか生まないのよね。

リエ え～⁉ でも、いま安心するのはムリ、どうしたらいいんでしょう（泣）。

よしみ 気持ちはわかるんだけど、いつも不安にフォーカスして欠乏感を反芻《はんすう》していると、欠乏感が現実になっちゃうの。**「いまを楽しむ力」が欠けているから、みんな「将来が不安」になる。**じつはね、不安になる人は100億円あっても不安なの。多分いま、リエちゃんに私が1000万円を渡したとしても、次は「この1000万円がなくなったらどうしよう」って心配に思うはず。

いまを楽しんでいないと、いくらお金があっても安心できないの。だって、お金は「使う」ものなのに、「使ったらなくなる」のが不安なんだよね。お金は、なくなったらまた入ってくるんだよ。

リエ　また入ってくる……。そうできると思えないことが不安の原因ですね。

よしみ　リエちゃん、さっきお給料が上がったら節約のことを考えなくていいから、それを叶えたいと言っていたでしょ。これも、いまはお金がないからとりあえずお金が欲しいという欠乏感からの望みなの。そうじゃなくて、まずは節約しなくていい、**リエちゃんが身を置きたい未来から想像してみて。**

リエちゃんは、すでにニューヨーク行きを実現してる！　本当にすごいんだから、もっと理想を遠慮せずに思い描いてみてほしいの。イメージするときは「どうやって？」とか方法を考えちゃダメ。「いやいや、ムリでしょ！」って固定観念がストップをかけてしまうから。

リエ　お給料がいっぱい増えるようなイメージだとやっぱりマズイですよね？

よしみ　そうじつは、「ただ、お金が欲しい」はダメなの。それは、不安や欠乏感から生まれた気持ちということが多いから、それだと結局、お金じゃなくて、「不安と欠乏感」を引き寄せちゃう。

お金を引き寄せる人って、「○○が欲しい」「○○を叶えたい」って、理想が具体的なんだよね。お金はその理想を実現するため、欲しいものを手にするための「単なるツール」だってことを、幸せな成功者はよく知っているの。お金は自分を幸せにしてくれるわけじゃない、幸せのために使うもの。だから、自分が本当に心からワクワクして、「こうだったら最高」という未来を先に思い描いてみる。実現するためには、お金がいくら必要かって、具体的な金額を考えてみるのがいいよ。

リエ 私は漠然とお金が欲しかったし、お金さえあれば幸せになれる、すべて解決すると思ってました。

よしみ お金があっても、幸せじゃない人も、世の中にはたくさんいるよ〜。「不安だから1000万円欲しい」じゃなくて、住みたい部屋、着たい服、遊びたい場所、やりたい仕事、付き合う人たち、「こんな生活がしたい」って純粋にイメージしてみて、「その理想を実現するためには年収1000万円が必要」って考えてほしいの。それに合わせて、お金が入ってくるようになるから。

サメコ お金って、最終目的に思ってしまいがちですが、手段なんですね。

よしみ そう。**お金は人生を楽しくするツールなの。**いかに、そのツールを使いこなして幸せになるか。自分を幸せにできるのは、自分だけだよ。

リエ どうしよう〜。「こうなりたい！」って理想がいまの自分と掛け離れすぎていて、スムーズにイメージできません。

よしみ その場合は、ムリせずね♡　さっき書いた具体的な悩みが、どういう現実に変わったら心が軽くなるか考えてみて。私も理想はちょっとずつバージョンアップさせて、いまがあるよ。ただただ「こうなったら最高」ってワクワク、心が軽くなることをイメージして書いてみてね。

❤ WORK ❤

あなたがしたい「最高の生活」を書き出してみましょう

自分がしたい理想の生活を思い描いて書いてみよう。
そして、その生活には具体的に年収がいくらくらい必要なのかも考えてみよう。

理想の生活をするための年収

円

＊文章、箇条書き、絵、どんなスタイルでもいいので遠慮せず自由にイメージすること♡
＊この生活をするためには、いくらの年収が必要か？「具体的な金額」も書き入れて♡

自分だけの「ある」リストを作ろう！

リエ　お財布の中身が減ると怖くて、お金を使うことを苦しく感じてしまうんです。よしみさんから、お金は幸せと交換するものだって教えてもらっているのに……。

よしみ　苦しく感じるのは、「お金がなくなると心配」だからだよね。リエちゃんは、こんなふうに考えたり、感じてることはない？

①　お金を稼ぐのは苦しいことであり、大変だ
②　お金を使ったら、よろこびよりも残金が減る悲しさが先に立ってしまう
③　幸せの基準が曖昧で、お金と自分の幸せをうまく交換できていない
④　毎日、なんとなく満たされない

リエ それ、全部、当てはまります！

サメコ 私も身に覚えがあります。会社員時代、最初は営業部に配属されたんですよ。目が回るくらい忙しかったのにスキを見つけては散財して、いつもお金がありませんでした。ストレス発散でお金を使ってるはずなのに、いつも苦しくって。

よしみ サメコちゃんは、どうして自分がそういう状態になったのか、いまならわかったりする？

サメコ 仕事の内容が自分に合ってなかったんじゃないかなぁと思います。だって、部署異動で**「仕事が楽しい」って思えるようになったら、いつからか「お金がない」って苦しい気持ちが消えちゃった**ので。営業部のようにインセンティブがないから手取りは減ったのに、なんと貯金もできるようになったんですよ。

よしみ **「苦しい思いをしないでもお金は手に入る」**ってことがわかったから心が安心したんだね。

サメコ なるほど。本当に欲しいものにお金を使うから、罪悪感も抱かなくなりました。

よしみ　仕事が充実することで、時間にも心にも余裕ができたんじゃない？

サメコ　そうなんです！　ずっと行きたいと思っていた料理教室に通い始めました。そのうち料理が趣味になって、「お料理女子会」ってイベントを企画したら、副業みたいになって。

よしみ　「楽しい♡」「好き♡」が収入になっていったのね。

リエ　いいなぁ、理想だな〜。

よしみ　仕事が好きじゃないと、「お給料が少ない」「本当はこんなことしたくないのに」って不満が生まれちゃうでしょ？　で、ストレス発散に散財したくなる。次は「困ったな〜」ってムリな節約を頑張って満たされない気持ちになる。どんどん選ぶときの判断が「好き♡」じゃなくて、「安い！」「お得！」になって、さほどいらないものを買っちゃったりする、というスパイラルに……。

リエ　思い当たりすぎる……。

よしみ　そういうときって、基本的に「ない」にフォーカスしているんだよ。仕事がイヤとか、こんなに頑張っているのに報われないって不満を抱えていると、マインドが人生の「ない」を探しちゃう。すると、「これ（達成感や充実感）

がないから、代わりにあれ（安いものやサービス）が欲しい」って欠乏からの欲求が生まれちゃう。

リエ じゃあ、苦しくならないためには、仕事で充実すればいいってこと??

よしみ 仕事じゃなくても、とりあえず「いま」に満たされたらいいんだよ。とってもカンタンにできるのが、いま「ある」ものにフォーカスすること。多くの人がこの「ある」を見落としているんだよね。「ないない!!」と思うから、たいして好きでもないもので、その「ない」を埋めたくなる。でも本当は、「自分の世界」って、すごくいろんな幸せで満たされてない??

リエ 私だったら、いま憧れだった街に住んでいること、サメコちゃんとか大好きな友だちがいること、仕事があること、バスタブがあるオシャレなシェアルームに住めていること……。確かに、いろいろ見落としていたかも。

よしみ ね、いろいろあるよね!! 私から見たら、リエちゃんは学歴も高くて、可愛くて、英語ペラペラで、「ある」ばっかりが浮かんでくるよ!! **自分にいま「ある」ものをリストにしてみるのがオススメ**かな。

サメコ なんだか満たされた世界にいる気がしてきました。

よしみ　そうなの。リストにすると、じつは、自分はすでに満たされた世界にいるんだってことがわかるのね。まずは「満たされた世界の住人」になることが可愛いお金持ちになる第一歩だよ。

さっき、サメコちゃんのエピソードを聞いて、**「苦しい思いをしないでもお金は手に入ると安心できたんだね」と言ったけれど、本当にこのマインドって大事なの。**

読者の方からも、「自分の「ある」にフォーカスして毎日「自分をよろこばせる」ことを意識して満たされていたら、お金が減るどころか増えて、あふれ出してくるようになりました！」ってメッセージをいただいたんだけど、これって、偶然ではなくて、**自分をよろこばせて満たされていると「枯渇感」がなくなるの。**枯渇感を抱えることでその思いが未来に反映され、また枯渇感を抱えるような現実が作り出されちゃう。だから、自分をよろこばせて「いま」に満たされているとそれが反映して、「満たされた未来」が作り出される。やっぱり、起きていることは必然なのよね。

思いが先で、現実があと

よしみ リエちゃんもサメコちゃんも、10年前にいまの自分をイメージできていた？

リエ まったく想像できていませんでした。

サメコ 私は、20代のときに「理想の未来」をノートに書き出してたんですけど、結構、その通りになってビックリしてます。

よしみ どんなことが現実になったの？　知りたい、知りたい。

サメコ えーっと。オープンキッチンのある自宅、文筆業、海外で暮らす。全部、ノートに書いた通りになりました。

リエ えーっ、すごい！　そっか、前から文章を書く仕事をしたかったんだもんね。

よしみ 本当にすごいよね。でも、そうなるのって必然で、いまの現実って、ぜーんぶ、過去の自分が思ったことなの。リエちゃんだって、「ニューヨークで仕事をして暮らしたい」って、中学生のときに思い描いた夢がこうして叶ってるんだよね？

リエ あっ、本当だ（笑）。そうなるように、じつは自然と行動していたのかも。

よしみ 思ったから、行動したんだもんね。だから先に思ったことが、あとで現実になるの。

リエ 「お金がない」って現状を嘆いていると、お金がない未来が作られる……。

よしみ そう!! **たとえ現実がどんな状態でも、思いをハッピーに矯正していくと、その思いが反映されてハッピーな未来を作り出していく。**

サメコ よしみさんは、思ったことをすぐに叶えちゃいそう（笑）。

よしみ 叶えてるかも！　だって、いまもこの目の前にあるスイーツを食べたいと思って実現したでしょ（もぐもぐ）。二人とこうして会いたかったし。だから、全部、現実になって、とーっても楽しくて幸せ♡　ね、こんなふうに自分でこうしたいって思うのが先なの。

リエ あのう、失礼な言い方かもしれませんが、そんな小さな出来事も「思いが現実になったこと」に入れていいんですか？

よしみ　もちろん！　毎日の中で「楽しい」を何度も思い描いて、選択して、「ちゃんと実現した！」って味わうことを繰り返していこう。そうすれば、ず〜っと幸せ。だから私は、いつも自分を幸せにできる自信があるよ。

サメコ　素敵な考え方！　だけど、よしみさんだからこそわかる境地なのかも……。

よしみ　違う、違う。私もこれまでずっと人生が不安だったよ。とくに30歳で離婚をした後、初めて一人暮らしをしたときは不安しかなかった。当時は自分でビジネスを始めたばかりだったし、不安すぎて、自分の部屋の真っ暗なクローゼットの中で体育座りして泣いてたんだもん（笑）。

サメコ&リエ　えーっ!!

リエ　よしみさんにそんな時代があったなんて！　どうやって、その状態から脱出したんですか？

よしみ　思い描いたことが現実になるっていう、小さな成功体験をちょっとずつ味わうことで、自分の人生を信頼できるようになったんだと思うの。だから、考え方って、いくつになっても、いくらでも変えられるよ。この考え方に変化して、人生にも、お金にも安心できるようになったんだよね。

まとめ
summary

「スイーツを食べよう」と「年収1000万円になろう」は同じ

この二つのお願いごとは、掛け離れたことのように感じるかもしれませんが、**「思考は現実化する」という観点から言えば、同じレベルのことなのです。**

「スイーツを食べよう」と願うとき、私たちは「本当にあのスイーツ買えるかな……」「本当に食べられるだろうか」なんて、疑ったりしませんよね。だから、簡単に叶えることができます。

一方で「年収1000万円になる!」と思っても、「本当になれる?」「みんなムリって言うー」と、心配したり、疑う気持ちがたくさん生まれてきたりすると思います。その思いが、未来に反映し、

「やっぱり叶わないじゃん」となる可能性が高くなるのです。

私も、起業当初、「個人の方の洋服の買い物についていく仕事がしたいの」「年収1000万円を目指してる」と言うと、「そんなの仕事になるはずない」「年収1000万円なんてムリだよ」と周りの人からたくさん言われました。

そのときはもちろん、落ち込んで「やっぱりムリかも」と思いましたが、ムリでもなんでも、やってみたかったし、成功しなくても年収1000万円になれなくても、それをやっている「いま」は絶対に楽しいと確信していました。その「楽しいいま」を繰り返した結果、ここまで来ることができました。

もしも、「だって人に言われたから」「うまくいかないかもしれな

まとめ

summary

いから」と言い訳をして、「やりたいこと」「楽しいこと」を諦めていたら、いまの私はいなかったでしょう。そして、自分の「やりたい」をガマンするばかりの人生になっていたかもしれません。人に何を言われたとしても、最終的に選ぶのは自分自身です。だからこそ、いつも、「いま幸せに感じること」から目をそらさないで、**自分自身を「楽しませ」「幸せに」してあげることを意識することが大切だと思っています。**

私の母はとても心配性で、いつも「老後の貯金はしているの？」「旅行ばかり行って大丈夫なの？」と私の未来のお金のことを心配してくれます。

先日、ブログで「お金の悩み」を募集したところ、たくさんの方から、私の母と同じような「未来のお金の不安」が届きました。

そこで、私がいつも思っていることを母宛にメッセージを送るという形でブログに投稿しました。

「お母さんへ
私の仕事は、もともと不安定だし、老後の心配をしていたら、そもそも選んでいない。
未来の心配より、いまの楽しいこと、って覚悟の上で選んだから。もし、老後にお金がなくなっても、そのとき楽しいと思えることを見つけられる自信があるよ。だからお母さん、大丈夫だよ。ひなたぼっこしながら、友だちとお茶を飲んだり、誰も読んでくれなくなったとしても、こうやって毎日ブログに『いまの気持ち』を楽しく綴るね。

いま、考えただけでも未来の『楽しい』がたくさん浮かんでくるよ。

まとめ
summary

そのとき、『楽しい』をちゃんと見つけるためにも、いま全力で、『楽しい』を味わうね。

いまの『楽しい』が未来の『楽しい』につながっていくと思うから」

これを投稿してすぐ、母親から笑いながら「もう、心配するのやめるー!」と電話がありました。

未来の心配ばかりしていないで、いまをもっと「楽しむ」。

「お金」は私を心配させるものではなくて、私の「楽しい」の選択肢を増やすものだと思います。

たとえ、なかったとしても、私たちは「お金」とは違うほかの手段で「楽しい」を作り出せるのです。

だからそう、余計な心配はしなくて、きっと大丈夫。

LESSON 2

「賢いお金持ち」にいますぐなる♡

「厳選力」でお金の使い方が上達する

よしみ 私も昔は「節約しよう」って何度も、家計簿つけたりして頑張っていたんだけど続けられなかったり、うまくいかなくて、逆につらくなるタイプ。もちろん「節約」を楽しくできる人はいいんだけど、私は上手にできなかったから意識を変えたの。

リエ 私も同じで、節約するとストレスだけ溜まります。どう意識を変えたんですか？

よしみ 「節約力」じゃなくて、「厳選力」を磨こうって思ったの。つまり、**「本当にウキッ♡とするものにしかお金を使わない」**って、こだわりを持ったのね。**お金を「なんとなく使う」のはやめて、「買わない選択」「行かない選択」も選択肢に含めて、「全部、私が選ぶ！」って決めたの。**

リエ 買えないじゃなくて買わない。行けないじゃなくて行かない、ってことですね。

よしみ そう！ 今回ね、ニューヨークの航空チケット代が通常の1・5倍以上だったの。でも仕事だし、私の中には買う選択肢しかなかったわけ。なのだけど、出発前に講座のアシスタントをしてくれている子に「チケットが高くてね」って話したら、「よしみさんでも高いとか思うんですね！」って言われたの。

サメコ ブログや本を拝読していても、よしみさんってお買い物の思いきりがいい印象ですもんね。

よしみ そうみたい（笑）。でもじつは、どこにお金を使うか、何をいくらで交換するかにかなりこだわっているつもり。周りを見渡してもお金がある人はみんな、この厳選力を磨いている印象があるな。

リエ どうやったら、厳選力を身につけられますか!?

よしみ 日々の小さいことを、一つひとつ、妥協しないで選ぶことから始めてみるといいよ。
たとえば、朝、起きてから飲むもの、コンビニで買うガム一つ、友だちと入ったカフェで頼むメニュー。いつも、何かを選ぶときは「この中で、いちばんウキッ♡とするのはどれ？」って自分に聞いてみるのがオススメ。

リエ　ふむふむ、そこまで真剣にガムや飲み物を選び抜いていなかったです。

よしみ　そうだよね。でも、**小さいものを気持ちよく厳選できるようになると、大きなものを選ぶときにも決断しやすくなるよ。**

サメコ　選ぶときには、「自分のウキッ」を基準にすればいいんですね？

よしみ　その通り！　私の知り合いの社長さんでフェラーリを持っている人がいるんだけど、新しいモデルが出るたびに買い換えるの。普段はほかの高級車に乗っていて、フェラーリは年に数回しか乗らないコレクションなのに。

サメコ　お金持ちですね〜。でも、私にはもったいなく感じちゃう（汗）。

よしみ　でしょ（笑）。だけど、その人はフェラーリコレクションにウキッとするから、そこに気持ちよく支払えるんだよね。彼がおもしろいのは、それなのに新幹線のグリーン車はもったいないって普通席しか乗らないし、ホテルもビジネスホテルで十分だっていうところ。

リエ　えええ、そんなにリッチな方なのに。

よしみ 私は、フェラーリは欲しくないけど、新幹線はグリーン車がいいし、ホテルは広いところがいい。だから、これがそれぞれの厳選力の個性よね。

サメコ うちの両親、結構、厳選力があるかもしれません。父は教師で母は着付けの先生なので収入はごく一般的ですが、趣味のオペラに使う予算は惜しまないんです。

よしみ とっても、素敵ね！ どんな感じでお金を使われてるの？

サメコ 欧米諸国に旅行するときは、毎日のようにオペラ観劇をするんです。一方で、普段の洋服や外食にお金はかけません。住宅ローンを早めに完済したのも、2人の子どもを私立学校に通わせられたのも、本場で大好きなオペラを楽しめるのも、よしみさんがおっしゃる厳選力があるからかもしれませんね。

よしみ 間違いなくそうだと思う。いまも老後を悠々自適に過ごされているんでしょ？ 「自分が価値を感じるプライオリティ（優先順位）を明確にして、お金を使うところを厳選する」って、とっても大事なこと。車や家を買うときにはじっくり検討しても、毎日のスーパーやコンビニの買い物は「とりあえず」ですましている人が多いよね。

リエ　耳が痛いです。「特売」「いまなら送料無料」って言葉に飛びついて、ウキッとしないものまで買っちゃってました！

よしみ　これから厳選していけば大丈夫。厳選力を磨くためにも、「自分は何に幸せを感じるのか？」って認識することが、やっぱり大事なんだよね。そうすると余計なものを買わなくなるから、ムダ使いが減るよ。

ウキッは、「テンションが上がる」「心地いい」「うれしい」とかをひっくるめた「好き」って感覚。**自分の好きに敏感になって、小さいものもこだわって選んでいくと、「私のこだわりの人生」が、どんどんできあがっていくよ。**

「もったいない？　高い？」躊躇《ちゅうちょ》する理由

リエ　いつも「もったいないな」「節約しなきゃ」「より安いものを」という思考でいるから、なんだか心が荒んでくるんです。

よしみ　わかる。私も節約を頑張ろうとしても、全然うまくできなくて、ただただストレスが溜まっていたな。あと、**「節約」「値段」だけを基準にして選択するようになると、どんどん「本当に欲しいもの」がわからなくなるのよ。**

サメコ　厳選力の話と同じですね！　「値段」を基準にして、結局使わないものを買ってしまって、お金がない状態になるという。

よしみ　さっきも言ったけど、大事なのは「お得」や「安い」で選ばないこと。いくら値段が安くてお得でも、1回も使わないものや、すぐにいらなくなるようなものなら、逆にもったいないでしょ？　だからこそ、自分は何が欲しいのか、何が必要なのか、ちゃんとわかっていることが大切だよね。

リエ でも、たとえ欲しくても、高いと「もったいないなー」と躊躇してしまうんです。

よしみ 気持ちはすごくわかる。でも、「表面的な値段」に惑わされないことが大事。私はいつもものを買うとき、それを使っている自分をイメージしてみる。ただその場の「欲しい！」という欲求だけでは決めないの。イメージの中の自分がたくさんそのアイテムを使っていて、楽しそうな雰囲気だったら買うようにしているよ。私は、**値段よりも、「自分にとって価値があるか・ないか」で考える。**価値がないと感じたものはどれだけ値段が安くても、私にとっては高いもの。高級品でも、私が心からウキウキできて、長く愛用できるものならば、それは「お得な買い物をしたな」って思うの。

サメコ 何か、印象に残っている「お得な買い物」ってありますか？

よしみ 高校生のときに、アルバイト代を貯めて買ったルイ・ヴィトンのお財布かな。生まれて初めてのヴィトンで、当時の私にしてはかなり背伸びをした高価な買い物。でも長い間、愛用したんだ。何よりも、そのお財布を使うたびに幸せな気持ちになった。数か月で飽きてしまうものよりも、ずーっとお得な買い物をしたと思う。**自分にとってどれだけの価値があるもので、どれだけの愛着が持てるのか？** それをしっかりと見極めながらお買い物できると、本当の意味での「もったいない」買い物をしなくてすむようになるね。

リエ 私はまず、値段だけを見て「もったいない」と躊躇するクセを直します！

よしみ うん♡ まずは小さいものからね。リエちゃんにとって価値があるものなのか、これを手に入れると幸せになるのか、本当に愛着を持てるのか？ 選ぶときにそこを基準にしてね。そうすれば、どんどんリエちゃんだけの「幸せの基準」ができあがって、ものを買うときに失敗しなくなっていくよ。

お金持ちのお金の支払い方をマネする

よしみ　最高の豊かさを手に入れる先取り法があるんだけど、知りたい？
リエ&サメコ　知りたい――!!
よしみ　なんて、もったいぶったけど、じつはカンタンなことなの。それはね、**お金持ちの人を近くで観察すること。**
リエ　観察するだけでいいんですか？
よしみ　お金持ちの人が普段、どんな行動や考え方をするのか、近くで見せてもらって、マネしたいところを自分に取り入れていってほしいの。
サメコ　へえ～。普段の行動ってたとえばどんなことですか？
よしみ　**憧れの人の「結果」じゃなくて、「日常」にフォーカスするんだよ。**よく行くお店、お気に入りのアイテム、好きな本、考え方やしぐさ、佇まい、話し方……それなら、マネできるところがたくさん見つかるはず。

リエ 私たちにとって憧れのお金持ちは、よしみさんですね。

よしみ そんなそんな……、恐縮すぎる。私もね、お金持ちの人と食事をご一緒したときに、「なんて優雅にお金を払うんだろう」ってビックリしたことがあるの。バッグからスマートにお財布を取り出す、お札をそろえてカルトンに置く。その一つひとつの所作と、にこやかな表情にみとれちゃった。

サメコ えー、私から見たらよしみさんも優雅ですよ！

よしみ 本当に⁉ うれしい。「素敵なお金持ちはどんなふうにお金を支払う？」って、徹底して意識的にやってみたことがあって、それがいまも染みついているかも。それまでの私は、大きなお金を支払うときは顔を引きつらせて、背中に汗をかいていたもん（笑）。「お金持ちのようにお金を支払う」と、優雅な気分が続くことに気づいたんだ。

リエ 私、よしみさん以外に観察できる人が思い当たらないんですが……。

よしみ 身近な人じゃなくても大丈夫だよ。もっと言えば、実在の人じゃなくてもいいの。

リエ　えー、ドラマや映画の登場人物でもいいんですか？

よしみ　もちろん。私が最初にマネしたのは、全員、画面や本の向こう側の人だよ（笑）。『ＳＡＴＣ』のキャリーが大好きで、着こなしをずいぶんマネしたの。キャリーが劇中で身につけているハイブランドの服や靴は、とても当時の私には買えなかったけど、着こなしやメイクの雰囲気はマネできるから、いつも意識してた。あと、作家になりきってブログを書くときも「執筆中♡」って言ってみたり、ワードで意味もなく、縦書きで文章を書いてみたりしていたな。

サメコ　よしみさんは、キャリーのセリフもよく練習してたんですよね。

よしみ　そうそう（笑）。ＯＬだったときから、コラムニストのキャリーが言う「I'm a writer」ってセリフを何度つぶやいたかわからないな。それがいま、キャリーのようにニューヨークのカフェで原稿を書いてるなんて。当時の私に教えてあげたい♡

あとは私たちの憧れのお金持ちって男性でバリバリ会社経営している人じゃなくて、おしゃれでキレイで毎日を楽しんでいる余裕のある人ということが多いじゃない？

リエ まさにそうです。

よしみ この人、素敵!! こんな生活したい♡と思うブロガーやインスタグラマーさんの日常をＳＮＳの投稿からちょっとずつマネするのもいいよね。

リエ まさに、豊かさの先取りですね！

よしみ うん。豊かさの先取りは、「豊かさのインストール」ともいえるの。私は、憧れの**お金持ちの豊かさと素敵さを作る要素**を、本気で自分にインストールしようと思ったのね。ＳＮＳをしている人は、過去のエントリーも全部読み込んだよ。

サメコ 先取りするときに、押さえておくといいことってありますか？

よしみ 自分がすぐに取り入れられるところを素直にマネするのがポイント♡「ここが違う」とか言わないで、「一緒♡」って素直によろこんでほしいの。「スネずに、素直に♡」が豊かさの先取りを成功させるコツね。

お金持ちは「時間」を大事にする

よしみ　「お金持ちの人の近くにいたほうがいい」のには、もう一つ理由があるんだ。引き寄せのメソッドで聞いたことがあると思うけど、お金もエネルギーであり、私たち人間もエネルギー。「類は友を呼ぶ」「朱に交われば赤くなる」ってことわざがあるでしょ？　**波長が合う者同士が集まるようにできてるし、相手からいい影響も悪い影響も受ける**よね。

リエ　こんなふうになりたいと思う人から影響を受けるといい！　ということですね！

よしみ　そうなの。この人と一緒にいると元気になる!!　とか人混みの中にいると疲れるっていうけど、それは私たち人間がエネルギー体だから、ほかのエネルギーから影響を受けるんだよね。

サメコ　エネルギーって、わかるようでわかってない部分もあります。よしみさんが

よしみ 言い換えるなら、どんな意味になりますか？
エネルギーはね、この世の中のすべてのもの。あらゆるものがエネルギー体なの。人間や生き物もそうだけど、ものや場所もそう。よくパワースポットにみんな行くじゃない？　多くの人がそこは高いエネルギーで、その場所に行くとそのエネルギーの影響を受けるって感覚で感じてるんだよね。そして、年商1億円以上のミリオネアの人たちを見て、いくつか共通点に気づいたんだけど、それはもれなくエネルギーが高い！　ということ。エネルギーの高い人ってすごく行動力があってエネルギッシュ!!

リエ 私、仕事とは別にビジネスコミュニティの運営をお手伝いしているんですが、確かにみなさん行動的です。あの人たちの中にいると自分の意識も高く保てて刺激を受けます。

よしみ ね、意識を引き上げてもらえる感覚があるよね。お金持ちが集まる場所に身を置くと、自分もそのエネルギーを受けて順応していくから、よりカンタンにお金持ちになりやすくなるの。

サメコ ほかには、どんな共通点があるんですか？

よしみ　時間を大切にしているね。「タイム・イズ・マネー＝時は金なり」って私もよく言うんだけど。「お金」はなくなったら、また稼いでチャージできるでしょ。でも、「時間」は過ぎてしまえばおしまい。誰にとっても有限なんだよね。それを、お金持ちの人ほどよくわかっていて、もったいない時間の使い方をしないの。

リエ　確かに、ニューヨークで出会うエリートの方たちと話すと、長く迷ったり、悩んだりしません。とにかく行動してみる方が多いです。

よしみ　そう、**「とりあえず動く」ってすごく大事なこと。**「お金がもったいなくてできない」「お金が貯まってからやろう」っていう人もいるけど、お金を惜しむことより「ただ過ぎていく時間」のほうが、断然もったいないよ。行動がお金を生み出すことを私は実感してきたから、考え方が逆だなって思うんだ。

サメコ　つまり、お金持ちの共通点は、

①エネルギーが高い
②すぐ行動する
③時間を大切にする

の3点ですね！　メモメモ。

よしみ あともう一つ。

④人の時間もムダにしない

「タイム・イズ・マネー」がわかっているから、人の時間をムダ遣いすると、その人に損をさせることをちゃんと知ってるの。だから、**お金持ちの人ってメールや電話のレスポンスが速いし、遅刻グセのある人も少ない**んだ。人の時間を奪うことは、人のお金を奪うよりもじつは罪深いことなのかも。

リエ あ〜、お金持ちは誰かを長時間のグチに付き合わせるなんてことは、しないだろうなぁ（笑）。

よしみ もちろん、すべてに生産性を求めるわけじゃないし、ムダに楽しい時間も必要だよ。私もとりとめのないガールズトークとか大好きだし。でも、何かに失敗したら、**「このやり方は違うってわかったんだから、次は別の方法を試してみよう」**って、すぐ思考が切り替わるの。文句を言っている時間があったら、行動しちゃう。それが成功への道なんだよね。

リエ その「すぐやる精神」をマネしたら、お金持ちに近づきますね！

よしみ そういうこと♡ そして、人の時間も大切にしてあげたらパーフェクトだよ。

「お金持ちの世界」を選択肢に入れる

リエ　お金に不自由していない人を見ると、憧れる半面、「どうせ、私は」って卑屈な気持ちにもなるんです。これって、どうしたらラクになりますか？

よしみ　卑屈な気持ちになるってことは、お金持ちの世界を「うらやましい」と思っているんだよね。そういうときはね、**「うらやましい」と思った相手や出来事を、「自分の未来の選択肢」に入れてみるといいよ。**

リエ　自分の未来の選択肢、にですか。「私もああなるんだ」って、思えるかなぁ……。

よしみ　「いいな、いいな♡　私も叶えよー」って気楽に思えばいいんだよ。「うらやましい、ずるい」って思った途端、自分の未来の選択肢の外に弾《はじ》き出しちゃう。自分で自分に、「私には、叶えられっこない！」って呪いをかけてるのと一緒なの。

リエ の、呪いですか～。それはやだー。

よしみ それくらい、自分が自分に与える影響力は絶大なの。「厳選力」の話をしたけど、自分の思考の中に入れる情報も厳選したほうがいいんだよ。私は暗いニュースや心がどんよりする話は自分の世界に入れないって決めてるの。

サメコ どうやって、ブロックするんですか？

よしみ 単純に、見ないようにしているかな。見ちゃったり、聞いちゃったりしたときは、自分が明るくなるものを読んだり、お気に入りの紅茶を飲んでくつろいだり、すぐに調整するの。

サメコ よしみさんは、とてもシンプルにそれができる印象なんですが、もともとからですか？

よしみ 私は単純だからなぁ（笑）。お金がないときから、すぐに憧れの人のマネをして、「わーい♡」ってよろこんでたの。うらやましく思う相手は、自分の未来ともつながっているしね。

リエ えっ？　どういうことですか？

よしみ　人はね、自分と無関係なところにはやきもちを焼いたり、うらやましく感じたりはしないものだから。たとえば、ものすっごく頭のいい宇宙飛行士の人を見て、どう思う？　七大陸最高峰を制覇した世界的な登山家の人を見て、どう思う？

リエ　ただただ、すごいな〜と思います。

よしみ　そうだよね。「うらやましい」とか「ずるい」なんて、少しも感じないでしょ？

リエ　はい、賞賛しかありません。

よしみ　だけど、「あの人は、自由にコンサートやホテルディナーを楽しんでいていていいな。素敵な車に乗っていていてうらやましい」とは感じるんだよね。性別、年齢、境遇が似ている相手に対しては、そう感じるものなの。

リエ　あ、そうです、そうです。卑屈になる対象は同年代の知り合いばっかりかも。

よしみ　じつは、自分にその人のようになれる可能性があるってことなんだよね。先に実現している人に出会うと、人は心がザワザワしてやきもちを焼くものなの。

リエ　その気持ちを抱くと苦しくなるんです、どう転換したら……。

よしみ　うらやましく感じる気持ちは否定しないで、「これにザワザワするってことは、私はこうしたいって思っているってことだな」って考えて「私にも可能性があるサイン」とするの。そして、未来の選択肢に入れちゃおう♡　**心の中で「ずるい！」じゃなくて、「いいね！」ってするの。**

サメコ　素直に「いいね！」ってできたら、どんどん選択肢が増えそう。

よしみ　そうだよ！　だって、自分の未来は無限大だもん。みんな、決まったレールの上を生きていると思っているけど、本当は全部、自分で作り上げてこその、いまの人生なの。うらやましく感じる相手だって、ちゃんと結果に見合う行動をしてきたはずだよ。

リエ　そうですね、その経過の部分を見ないで、結果ばっかり妬《ねた》んでいたのかも。

よしみ　まったく同じ人にはなれないし、そっくりそのままの人生は歩めない。でも、リエちゃんにはリエちゃんの最高の未来があるんだから、怖がらずに「お金持ちの世界」を未来の選択肢に入れてね。

まとめ
summary

お金持ちになるためには、「自分で自分を幸せにする」覚悟を持つ

お金持ちの人は、自分が心から楽しいこと、いま、やりたいことがきちんとわかっています。本当に心がウキッとするところにお金を使うので、ムダがないんです。浪費はもちろんのこと、後から罪悪感を抱くようなお金の使い方がとても少ないです。

「どうして、自分のことをそんなにちゃんと理解できてるんだろう？」。28歳で起業をする前、私は身近にいたお金持ちの人たちをじっと観察しました。

そしてわかったのが、「自分で自分を幸せにする」と心に決めてるんだってこと。お金を持てる人になるか、失う人になるかは、そ

の覚悟があるかどうかだと私は思っています。

だから、ぜひ、あなたも覚悟を決めてください。お金持ちになるために、家柄や学歴や年齢や容姿は関係ありません！　私が保証します！　重要なのはこれからの「考え方」と「行動」といますぐ「覚悟」することです。

自分が自分に対していちばん誠実で情熱的であれば、夢は実現します。

「部屋を片づける」
「毎月、5000円貯金する」
「3キロやせる」

まずは、小さな目標を持ちましょう。いま、少しずつでもできることをやっていって、積み上げていくと、「私は、自分で自分を幸せにしてる」って、人生に自信が持てるようになります。

まとめ
summary

いま、自分はどうしたいのか？　来年はどうしていたいのか？　やりたいことや楽しいことがあやふやだったら、自分で自分にインタビューするつもりで、「これと、これなら、いまはどっちを選びたい？」「どちらを選ぶと心が軽くなる？　ワクワクする？」と聞いていきましょう。答えが「いまは選ばない」でもかまいません。

選ぶも、選ばないもあなたの自由。どうするか自分で決めて、自分がうれしい、心地よい、幸せと感じる部分にお金を出せるのが、本当に豊かなお金持ちです。

自分を信じて幸せになる「覚悟」を決める

そして、私もそうでしたが「お給料を上げたい」という悩みに、「そのためにはどうしたらいい？」と聞き返すと、「わかりません」という答えが返ってくることがあります。

そういうときは、いまの仕事が不満でやりがいが見つけられず「お給料がもうちょっと上がってくれたら、まだマシなのに……」と思っているときだったりします。そんなときはお給料を上げるために「いま」自分ができることを考えてみることが大事です。アイディアベースでいいんです。「上司に相談する」「新しい企画を社内に提案してみる」「副業する」「会社を変える」など、思いついたアイディアをどんどんノートにメモしておきましょう。

自分の「お金」のことを他人任せにしすぎてはいけません。私もいつも「他にどんなことができるかな」「どうやったらもっと見てもらえるかな」と、アイディアを日常でたくさん出して、目についたモノをどんどん試し、行動に移しています。

まとめ

summary

「自分で自分を幸せにする覚悟」をするとは、**幸せになるアイディアも、お金を増やすアイディアもどんどん自分で出していく!** ということでもあるのです。

LESSON 3

やっぱりお金も
ラクチン♡カンタン

夢中になればなるほど、お金が稼げる♡

リエ　よしみさんのブログや著書を読みながら、毎日、「私にもできる！」と自分に言い聞かせていますが、不安がなかなか消えません。マインドセットを変えたいです。

よしみ　不安な気持ちになるの、すごくわかるよ。もちろん、私もいまでも不安になることが多々あるけど、昔より安心できているのは、「自分」に集中したから。

サメコ　よしみさんは、自分のどんな部分に集中したんですか？　思考？　行動？

よしみ　私が洋服が好きということからパーソナルスタイリストでの起業を決めたとき、両親は「本当に、買い物についていくなんて仕事で大丈夫？　それって、これまでやってきた司会者を辞めてまですること？」ってすごく心配していたし、「ムリ、ムリ」って苦笑いした人もいた。でも、私は「やりたい！」

って気持ちが抑えられなくて。もちろん、周りの人の意見に凹《へこ》んだんだけどね、**「やりたい」って気持ちに集中することにしたの。**

リエ そのお話を聞くたびに、すごいなあって思うんです。

よしみ モニターをしてもらいたくて、友だちに「ファッションが苦手な人向けに買い物に一緒についていってスタイリングをする仕事をしようと思うの！」って言い回っちゃったから、「失敗したら恥ずかしいな」って思いは、少なからずあったんだけど、それよりも「やりたい」気持ちが勝ってたんだよね。ただただ、目の前の「ワクワクするほう」に集中してきた感じ。

リエ 同業者の人と比べて落ち込むことはありませんでしたか？

よしみ もちろんあるよ！　起業した当初は、同時期に同じような仕事をスタートした人たちのブログを読み漁《あさ》っては、自分と比べて、勝手に競争してた。焦ったり、安心したり、優越感に浸《ひた》ったりね。だけど、目の前のことに集中して、自分の仕事を楽しむことでそんなヒマがなくなっていったんだよね。いまは、その方たちがまだ同じ仕事を続けているのかどうかもわからないなぁ。

サメコ 自分のことに夢中になって、「よしみさんの世界」が完成していったんですね。

よしみ そうだね。**自分に集中することで、人と比べることが減ったんだよね。**前はいろんな人を勝手にライバル視して、比べてってやっていたんだけど、自分に集中することで、自分の世界から「比べる対象の人」がいつの間にか消えていたの。それは、私だけがうまくいったとか、そういうことじゃなくて、それぞれが自分の道を集中して歩いていることがわかったっていうのかな。**夢中になったら周りが気にならなくなる。幸せは人と比べるものでも、競うものでもないって実感できたの。**

リエ 私は、まだまだ人の成功がまぶしくて、目がくらんでいるのかも……。

よしみ そういうときも、もちろんあるよ。たまにね、私より、すっごく売れている人を見て「私もあんなふうに!」って1人焦ったりするの。でもね、私がもし、その超売れっ子の人と同じことをしたとしても、同じ結果が出るのかっていったらそうじゃない。同じことをすれば売れるのなら、この世の中、同じようなアイドルや本ばっかりが全部売れていると思うの(笑)。でも、そうじゃない。

個性が魅力になるからこそ、私は私らしく、もちろん、ほかの人の素敵なところを選択肢に加えながら、自分の世界に集中していこうって思っているんだよね。 ほかの人の人生は歩めないから。

リエ ときどき、「あれっ、私の夢ってなんだったっけ？」って感じちゃうんですよね。

よしみ 大丈夫大丈夫、夢がない人やわからない人はたくさんいるし、私だってそう思うことがあるよ（笑）。もっと売れなきゃ！　とか、意識が高くていつもおしゃれな人を見ると、私もそうしなきゃと焦ったりね。でも、自分が夢中になれることに集中したらいいんだよね。

リエ 講座で「あなたが夢中になれることはなんですか？」って聞くと、多くの人が「特別なことを言わなきゃ」って思うみたい。でも、そんなことないんだよ。

よしみ たしかに、何かかっこいいことを言わないと、って思ってしまいます。私はね、寝起きに紅茶を飲みながら、ぼーっと外を眺めるのが大好き。それも自分に集中する日課の一つだし、オフに好きなマンガに没頭するのも夢中になれることの一つなの。まずは、そんな小さなことを大事にして自分に集中するのでいいんだよね。

サメコ 毎日の中で夢中になれることを素直に味わうと、仕事への感度も上がっていく感じですか？

よしみ そうそう。**「お金がない！」って言っている人は、「夢中度」が足りないことが多い!!** 何もせずにお金がドバドバ入ってくることって少ない。だからまずは「お金を手に入れたい」って考える前に、自分のエネルギーを夢中で放出するのが先なんだよね。**自分が出したエネルギーが循環して、「お金」というエネルギーが巡ってくるの。**

リエ 私は「頑張っているのに、なかなかお金がやってこない」って思っていたんです。でも、夢中な状態とは違っていたのかな。

よしみ 夢中なときって肩に力が入ってないの。好きなことに本気になると楽しくて、つらいとか苦労だとは感じない。お金を必死で追いかけることもなくなるんだよね。

「ムダなこだわり」をやめてみる

サメコ よしみさんを見ていて思うのが、「人からどう思われるか」ということへの「こだわり」みたいなものが、すごく少ないですよね。

よしみ 確かに、そうかもしれない。もちろん、パーソナルスタイリストの時代から、ブランディングを意識してSNSとかで集客してきたけど、「こう見せよう」と決めたとしても、「絶対こう見られたい！」ってこだわりはないかな。本やブログを通して、言いたいことを伝えていても、絶対にわかってほしい！　って思いはあんまりなくて（笑）。

リエ よしみさんに会った方が何人も「すごく自然体だね」っておっしゃるのを見ました。そういうところなんでしょうね。先生って呼ばれている方なのに、力の抜け具合がいいなって（笑）。

よしみ　立場上、人に教えていることもあるけれど、いつも「私はこう考えてこうしたら、こんな効果が出てよかったので、シェアさせてください♡」って気持ちなの。「絶対にこれが正解です！」とはまったく思ってないというか、思えない。もし、「そんなの違うんじゃないの！」と言われたら、そういう考え方もあるな、うん、って。ただ、それだけ。

リエ　よしみさんが腹を立てないで、そうやって思えるのがすごいですよね。

よしみ　だって、カレーライスだって、ハンバーグだって、おいしいと思う人もいれば、キライな人もいるでしょ？　**万人が、おいしいと思う食べ物ってないわけだし、全員にわかってもらう必要はないよね。**私のことは、私がわかってあげていたらいいんだよ。

リエ　確かに……！　私はまだまだ、人からいい子に見られたい部分があるんだな～。

よしみ　自分の中で、「本当にこだわらなくちゃいけないこと」と「じつはこだわらなくていいもの」を分けるといいよ。つまり、「こだわり断捨離」！

リエ&サメコ　やってみたい！

よしみ 私ね、このニューヨークセミナーの集客が思ったようにいかないことを、ブログに書いたの。「人気がないと思われたら恥ずかしい」「やり方がまずいと思われたらいけない」、そんな「見栄というこだわり」を捨てたわけ。「集客できてないなんて、ブログに書いていいんですか⁉」って、何人かが心配してくれたけど、私は「つねに満員御礼です♪」って札を掲げることにこだわってないの。逆に「人数が集まらない！」って書いたことで、「枠が空いてるなら、参加してみたいです」って言ってくれた人もいて、結局、満員御礼。ね、こだわり断捨離をすると、そんないいことがあるんだよ。

サメコ よしみさんが本当にこだわりたかったのは、「お客様と楽しくツアーをすること」だったんですものね。

よしみ そう。**本当に必要なもの以外は、「必要のないこだわり」だって割り切ると、カッコつけたり、ごまかしたりすることが、どうでもいいこだわりになっちゃう。**買い物でも、仕事でも、恋愛でも、何か課題が出てきたら、自分の中に「いるこだわり」「いらないこだわり」って、箱を2つ作って分別してみて。

リエ 「こだわり断捨離」で、グングン運気も上がりそうです！

悩んだら「ラクチンにできること」を選ぶ

リエ　自分にとって、「運命の仕事」みたいなものが見つかれば、お金ってドバーッ♡と入ってくるんでしょうか？

よしみ　確かに、その可能性は高い！　「運命」ってことは、うまくいきやすいってことだからね。

リエ　「運命の仕事」って、どうやったら見つけられるんですか。

よしみ　いろいろあると思うけど、**一つは「ラクチン」にできちゃうこと**かな。

サメコ　え！　ラクチン⁇

よしみ　そう、自分がラクラクできちゃうこと。たとえばね、私のアシスタントをしてくれているYさんって女性がいるんだけど。彼女はほかの経営者のアシスタントもしているパーソナル秘書っていう職業なの。

Yさんは、毎日、クライアント7～8社以上のメールを管理して、返信するわけ！　もう、想像しただけで頭が煮えちゃいそうじゃない⁇

サメコ　私なら、絶対ムリです～～！

よしみ　私も、そう思うのよ。でもね、彼女に「ものすごく大変な仕事じゃない？」って聞くと、「全然、大変じゃないですよ」って涼しい顔なの。「よしみさんみたいに、人前でお話しする仕事のほうが絶対に大変ですー」って。もうね、びっくり。人によって大変とラクチンが、こんなにも違うんだなって。

リエ　私も、Yさんと同じ人種かも……。いまのお話を聞いて、「それならできそう」って思いました。よしみさんみたいな講演は絶対にできませんけど。

よしみ&サメコ　えええええええーーーーー‼

よしみ　でも、そう、それなのよ！　**ほかの人からすれば「大変そう」って思うようなことでも、自分は「え⁉　全然、ラクチン。カンタンにできちゃうよー」って感じるところにエネルギーをかけてやると、ものすごい成果が出て、それが「運命の仕事」になって、お金ドバーッ♡につながるわけ。**

リエ　Yさんの仕事なら私にもできそうだって思ったし、やってみたい。尊敬できる大好きな人たちのアシスタントなら、よろこんでしたいです！

よしみ リエちゃん、もう「運命の仕事」が見つかりつつあるのかもね！

あとね、私は昔、「アクチュアルミー」というイベントコミュニティを赤土《あかど》千恵《ちえ》さん（以下、ちえさん）という友人と立ち上げたの。私たち2人が会ってみたい人を登壇者としてお呼びして、講演会を開催するコミュニティだったんだけどね。

リエ どれくらいの頻度と規模だったんですか？

よしみ 年に数回、数百人を集めるイベントを開いていたよ。

リエ おお～、それはすごい。

よしみ 立ち上げから数年後、自分が登壇するほうに専念したいなって思ったから、ちえさんにおまかせする形で私はコミュニティを抜けたんだけど、彼女はそのコミュニティを継続しながら、「もっと、すごいことしなきゃ」ってモンモンとしていたの。

サメコ 数百人の講演会を主催するのもすごいことに思いますけどね。

よしみ そうよね。でも、なぜモンモンとしてしまったのかというと、ちえさんは主催する側より登壇する講演者のほうが「価値がある」って感じていたから。だから、そういうふうに自分もならなきゃっていう思いがあったみたい。そんなときに、実業家でベストセラー作家でもある本田晃一さんから、「こんなふうにイベントを主催してくれて本当にうれしい。すごいことができる人だね！」って言われて、「え!? イベントの主催がすごいことなの？」ってびっくりしたらしいの。なんとね、イベントの主催はちえさんにとって、ラクラクとできちゃうことだったから、それでは価値がないと思ってしまっていたのよ!!

サメコ なんだかわかります。「大変じゃないと価値がないのではないか」って不安だし、「こんなに簡単なことで、お金を稼いじゃダメ」って思ってしまうというか。

よしみ だよね。みんなそう思ってる。でも、それこそが最大の勘違いなの!! **楽しいことでお金を稼いでいいし、簡単にできちゃうことで、お金をもらって認められていいんだよ。**そこの考え方をひっくり返さないと、「得意な分野でお金を稼ぐこと」が苦しいままになっちゃうんだよね。

リエ その意識を変えるためにはどうしたらいいんでしょう？

よしみ まずは、**自分がカンタンにできちゃうことや楽しくできることでお金を稼ぐ体験をしてみるのが一番効果的!!**　「こんなに楽しいことがお金になるんだ!!」って実感すると、考え方がひっくり返るのが本当に早いよ。

リエ たとえば、具体的にどんなふうに体験すればいいんですか？

よしみ 本当にカンタンなこと。たとえば家にあるものをフリマアプリで売るとか、自分の興味のあることをテーマにお茶会を開いてみるとか。

リエ お茶会を開いてお金をもらっていいんですか？

よしみ お茶会を開催するのだって、会場探しから予約、テーマ決め、集客……と労力がかかっているのだから、その分を会費としていただくことができるよね。

リエ あー私、自分の時間や労力はタダって思っているかも。

よしみ そんなことないよ！　だって私は今回のツアーアテンドをリエちゃんにお願いしている。リエちゃんの大事な時間と労力をもらっているからね。

リエ こんな楽しくお金がもらえるなんて!!　って私もう、体験してるかも!!

よしみ そう、同じ量のエネルギーを出すのでも、**ラクチンにできることなら楽しくカンタンにドバーッ♡と出せる**んだよね。

「ラクチン＝努力をしない」ではない

よしみ 『運命の仕事』はラクチン」って聞いて勘違いしないでほしいのは、その中には、もちろん大変な部分もあるし、つらい部分もあるってこと。
Yさんのパーソナル秘書の仕事だって、彼女は人よりはラクチンにこなせるけど、大変なメールに返信しなくちゃいけないこともあるし、クレームを受けてイヤな思いをすることだってあると思うの。
恋愛も同じじゃない？　たとえ、「運命の相手」だって感じていてもイヤなことはあるし、ケンカをすることだってある。「運命の仕事」も一緒なんだよね。

リエ よしみさんはいまの仕事はラクチンで、運命の仕事だって感じていますか？

よしみ そうだね。私、ものすごく文章を書くのが速いの。だからブログでの集客は人より何倍もラクチンにできたんだよね。1記事を5分から10分で仕上げちゃう。友人にメールを打つ感覚でブログを書くのが自分の「普通」だったから、みんなも同じだって思い込んでいたの。起業して数年後、周囲に聞いてみたら、みんなは1記事に1時間くらいかけているって聞いて、びっくり。

サメコ　私も書くのが遅いほうではないけれど、ライターとしてうらやましい限りです（笑）。

よしみ　だけど、コツコツ頑張ってきたこともたくさんあるよ。書籍やコラムの締め切り間際、泣きそうになることだってあるし、「原稿」ってワードが頭から離れなくて、誰といても思いっきり楽しめないことだってある。書くことがなくて、苦しみながらブログを書いたことだって何度もある。人よりは簡単にできることでも、大変なことはたくさんあるし、努力もしてるの。

リエ　ラクチンって聞くと努力がいらないイメージを抱いてしまうけど、違うんですね。よしみさんが苦しくても続けられる原動力ってなんなのでしょう？

よしみ　やっぱり**「好き」だから。だからこそ努力が努力じゃなくって、「夢中」に近いものになる**のかなって思う。続けることって、人間関係でも、仕事でも、いくら大好きでも、相性よくても、大変だと思う。私も彼氏に対して「もう、イヤ!!」って思ったこと、何度もあるし。それでも一緒にいるのは、「イヤ」に勝る「好き」があるから。仕事も一緒だよね。**好きだから続けられて、だから運命であり続けるの。**

「やらない覚悟」がお金を連れてくる♡

よしみ　本当に好きなことをするときは、長く続けようと思うと、自分が心地よく、ラクラクにできるように変換する力も必要。その一つに「おまかせ力」があるよ。なんでも自分でやろうとしないのも大事。あえて、人におまかせする領域を作るの。

サメコ　おまかせするかどうかの見極めは、どこでするんですか？

よしみ　身近に、自分よりも、それがずーっと得意な人がいる場合はおまかせしてみるの。自分が大変だなーと思うことを、ラクラクにできちゃう人。たとえば、私がニューヨークツアーをしたいと思ったときに、「英語力を磨かなくちゃ！」って焦らないで、リエちゃんにお願いしたみたいなこと（笑）。私が語学力を上げてツアーをすると何年もかかっちゃうけど、現地に住んでいて、語学

リエ 堪能のリエちゃんにお願いすればいますぐできるでしょ。今回みたいに♡

よしみ よしみさんが、ほかに普段から人におまかせしてることはありますか？

いまは1対1のセッションや長期講座も、スタッフにおまかせしてるよ。ある時期から、私はいちばん好きな文章を書くことと、大人数のセミナーに集中しようって決めたの。この「やらない覚悟」が好きを長続きさせ、そして、お金を連れてくるってわかったんだ。

リエ えーっ。あれもこれもできないと、大きく稼ぐことはできないと思ってました！

よしみ つい、そう考えちゃうよね。でも、**やることを取捨選択したほうが、エネルギーが集中するでしょ。そしてやりたいことだからエネルギーをたくさん出せる。**欲張ると気持ちが焦るんだよね。「あれもこれも、できなくちゃいけない」って、どんどん自分の好きとは離れていっちゃう。

サメコ 「○○しないといけない」って、苦しい気持ちですよね。

よしみ でしょ。あとね、私はツイッターをしていないのね。

リエ そういえば、ブログ更新のお知らせだけですね。

よしみ やってみたことはあるんだけど、合わないみたいでなかなか続かなくて。何回か挑戦したんだけどね。でも、SNSの中でもツイッターがすごく好きな人たちもいるわけだよね。あるマーケッターの方から「ツイッターはSNSの中でも、比較的、若い人たちが使っているから、いまのままだとその層をみすみす逃すことになりますよ」って言われたことがあったの。でも、ひと通りSNSをやってみて、いまの私にはブログとインスタグラムが合っているなと感じたんだ。**あれもこれもとやり出すとエネルギーが分散しちゃう。**もちろん、ツイッターで知ってもらえる層を見逃すことは惜しいけど、そこは「取れない覚悟」をしたんだよね。

サメコ ムリをしてツイッターを更新しても、本当によしみさんがやりたいこととは違ってきちゃうって感じですか?

よしみ うん。ツイッターが好きな人に発信力ではかないっこないし、自分の気持ちにもムリが出てくるよね。

リエ よしみさんが好きなのは、やっぱり長めに書けるブログだったり、本の執筆だったり、大勢の人が集まるセミナーだったりするわけですよね。

よしみ そう。「私が好きな方法でエネルギーをドバッとかけたいな」って思ったら、あれもこれもって焦らなくなったの。

サメコ それが「やらない覚悟」なんですね。

リエ 私も、自分が得意な部分で勝負したい！ まだ、それが何かがわからないんですけど（苦笑）。

よしみ こうして話しているうちに、きっと見つかるよ。決める前の一瞬だけはちょっと怖いけど、批判も賞賛も覚悟した上で「やらない覚悟」をすると、とーっても気持ちがいいよ♡
頑張りすぎたりストイックになりすぎたりすると長く続けるのが難しくなる。その塩梅は人によって違うと思うから、自分がムリなく楽しく、好きなことを長く続けられる工夫を少しずつでいいからしていくことが大事だね。

会社員でも好きな働き方は選べる！

リエ　よしみさんのような起業家やサメコちゃんみたいなフリーランスの人は「好きなこと」を仕事にしやすいように感じるんです。言い訳かもしれませんが、サラリーマンの私には好きなことで稼ぎづらい面もあるのかなって。

よしみ　確かに、お勤めをしている人は経営者やフリーランスより自由度が低いように感じるよね。でも、**自分で「仕事で大変な思いや苦労をしないとお金はもらえないものだ」ってブロックをかけてる部分もある**んじゃないかな？

リエ　確かに、仕事では多少の大変なことはあってあたりまえだし、ガマンをするべきだという意識はあります。

よしみ　私の知り合いにAさんという女性がいるの。彼女は正社員として9時～17時で働いていて、「育児中の融通が利く環境」「尊敬できる同僚」「もともとやりたかった好きな仕事」って3つがそろった職場に、とても満足していたそう。だけど、組織改革で部署内の人間関係がこじれて、尊敬していた同僚がそろって退職してしまったんだって。欠員のしわよせで定時退社が難しくなり、部内の雰囲気もギスギス。Aさんはそれまで気にしていなかったお給料の安さにモンモンとするようになったのね。

リエ 聞いているだけで胃が痛くなりそうです（笑）。

よしみ そうだよね。Aさんも悩んで私に相談してきてくれたわけ。だから、「とりあえず、会社にAさんの思いを伝えてみたらどうですか？」ってアドバイスしたの。

尊敬できる同僚はすぐに解決しないだろうから、まずは「育児と両立できる働き方をしたい」「お給料を上げてほしい」って話してみればと。最初、Aさんは「そんなこと言ったら反感を買わない？」って心配したんだけど。

リエ そうですね、もしも「だったら、辞めてくれて結構」って言われちゃったらと、怖い気がします。

よしみ 確かに、「辞めていいよ」って会社から言われることもゼロじゃないけど、大事なのは伝えること。ムリクリ絶対こうしてくれないと!! と、どうにかしてと要求するというのではなく、「私はこう思っている」って思いを伝えてみるの。

リエ それで、Aさんはどうしたんですか？

よしみ 「お金の話はしてはいけない」ってブロックがあったとAさんは言っていたのだけど、私は「モンモンとするよりぜひ伝えるだけ伝えてください」って言ったの。そしたら、彼女が決心して。

リエ 会社に言ったんですね！

よしみ そう。翌日、社長に直談判《じかだんぱん》したら、週2日の出社でかまわない、あとは在宅ワークでいいってことになったの。そして、お給料が月10万円アップしたんだって。

リエ 一気に、10万ですか！ すごい。会社にとってAさんは大事な人だったんですね。

よしみ そうだね。エネルギーって循環してるんだよ。Aさんがそれまで仕事に注いだエネルギーに見合ったエネルギーが、お給料っていう目に見える形で流れ込んできたんだね。自分はエネルギーを出してないのに、「お給料上げて！　待遇よくして！」って要求しても、うまくいかないけどね。まず、自分が先なの。

リエ　エネルギーを注いで本気でやれば、会社員でも好きな働き方はできますね。

よしみ　うん。**モンモンとしたら、「自分の思いを伝えてみる」「好きな働き方ができるほかの場所を探す」、そういう幸せな方向にエネルギーを出してほしいな。**

リエ　聞いていて思ったんですけど、私にも「お金のことを言うのはよくない」ってブロックがあります。でも、なんでだろう？　理由がよくわかりません。

よしみ　お金の話をすると、強欲な人に思われるっていう思い込みがあるんじゃないかな。小さいときに大人からそんな話を聞いたのかもしれないし、身近に憧れるようなお金持ちが少なかったのかもしれない。ようは先入観だよね。

お金があるのに「人にはいっさいプレゼントしない」「ごちそうしてもらおうとばかりする」「なんでも独り占めする」ような人が強欲であって、お金を楽しく稼いで幸せと交換するお金持ちは素敵でしょ？

リエ　そうですね、そういうお金持ちを目指せばいいんですね。

まとめ

summary

楽しんで仕事をしていい、カンタンにできることを仕事にしていい！

「お金は大変な思いをして稼ぐもの」だと思っている人はたくさんいます。もちろん、かつての私もそうでした。そんな私もいま、ブログや書籍、インタビューを通じて、「好きなことをして、楽しくお金を稼ごう♪」とお伝えしていますが、「本当に!? そんなことができるの？」とさまざまな反応をいただきます。

「自分が簡単にできることや楽しいことを仕事にするのは、私にとっては罪にも似た感覚です」と打ち明けてくださる方もいました。

多くの人が、

・苦しまないと、すごい努力をしないとお金はもらえない
・大変な思いをして手にしたお金だから、使うのがもったいない
・楽しいことやラクをしてお金を稼ぐのは、いけないことだ
・お金を使ったら、また苦しいことをしなければならない

こうした「お金」と「苦しい&大変」のループにはまってしまうのです。
そのループを「お金」と「楽しい」に一度、変えてみるのはどうでしょう。

・楽しいことをすると、お金がもらえる
・楽しいことをして手にしたお金だから、使うのも楽しい
・楽しむとお金がもらえる！　だから、お金を稼ぐのは簡単なこと
・お金を使ったら、また楽しいことをすればいい！

まとめ
summary

この「お金」と「楽しい」のループは、実際にいつも私が考えていることとです。楽しくお金を稼いで、楽しくお金を使って、「お金が減ってきたなー」と思ったら「また楽しいことをしよう！」とワクワクする。

私は、いつもそんなふうにお金と向き合っています。

お金は追いかけるものではなく、**楽しいことをしていれば、「後からついてくる」もの。**そんなふうに考えると、楽しいことをもっともっとしたくなりますし、努力することが苦になりません。すると、エネルギーがたくさん出て、もっとたくさんのエネルギーが自分の中になだれ込んでくるのです。

好きなことは「ラクチン♡カンタン」

この本のタイトルにある「ラクチン」は、「楽しい」の意味であり、「簡単にできちゃうこと」という意味でもあります。

つまり、私のお伝えしたい「ラクチン」は、けっして「手抜き」や「でたらめ」ではないので、本来の「ラクチン♪」とは少し違うかもしれません。

でも、人よりも、なぜだか自然にうまくできてしまう、ラクラクにできてしまうことをさらに努力すると、ものすごいミラクルが生まれます。


もしも、あなたが「もっと努力しなければ」と思うのなら、ぜひ、ご自身が「ラクラクできること」「簡単にできること」を努力してみてください。

私にとって文章を書くのは基本的に楽しいことであり、人より簡単にできることでした。学生時代、作文コンクールの代表に選ばれることも多かったです。

まとめ
summary

しかし運動神経は悪くて、足の速さはクラスの後ろから数えたほうが早いくらいでした。だから、「体育」は自分の中で苦手分野であり、「人よりもできないこと」でした。

「苦しいことでたくさんのお金を稼ぐ」のは、私でいえば体育を必死で頑張って、短距離走の選抜選手を目指すようなものです。それって、ものすごく効率が悪いですよね。それなら、自分が得意でスルッとできてしまう作文にエネルギーを注いで、国語の成績を上げたほうがずっと心地いいし、ラクチンだし、大きな成果を手にすることができると思うのです。

「ラクラクできちゃうこと」って、本人はあたりまえに感じているので、自分では気づきにくいことが多いのです。私は「自分の普通を疑うことが大事」だとよくお話ししますが、自分が自然にできてしまっていることを、注意深く観察してみてください。「自分がラ

クラクできちゃう得意なこと」を認識すること、そして、それに価値を置くことがとても大切です。

本文でもお話しした赤土千恵さんは、ラクラクできちゃう「イベント運営」の仕事を、「気づかなかったけど、価値があることなんだ！」と自分自身で認めたときから、売り上げがグーンと上がったそうです。その後、お子さんを出産し、育児をしながらイベント運営をしていますが、「ラクラクだから、子育ての合間にもできちゃうんだよね～」と、とても楽しそうです。

この会話に出てくるサメコちゃんも、ニューヨークでフリーライターに転身してから「まったくストレスがなくなった」と言います。「好きな人にインタビューしたい」という気持ちが彼女の原動力で、情熱的なアプローチで憧れの人たちとの仕事を次々とモノにしてい

まとめ
summary

ます。

そのエネルギー量に私はいつも圧倒されるのですが、「よしみさんのために」と率先して動いて、リエちゃんをはじめ、さまざまな人とのご縁をつないでくれる彼女に、私も何か幸せな出会いを橋渡しししたいなといつも考えています。

「好き」を全面に出すことで思い通り♡が手に入る

「あの編集さんにサメコちゃんを紹介したら、二人ともよろこびそう！」

なんて、日常でふと思いつくこともあります。それって、先にサメコちゃんの出したエネルギーが循環している証拠ですよね。何事も「自分がエネルギーを出すのが先」なんです。

- 自分の「好き」と「ラクチン（楽しくてカンタン）」を見極める
- 自分の「好き」と「ラクチン（楽しくてカンタン）」にエネルギーを注ぐ
- 自分の「好き」と「ラクチン（楽しくてカンタン）」で、ほかの人が幸せになれるお手伝いをする

すると、どんどんラクに稼げるサイクルができあがってきます。

自分の「好き」「ラクチン」がわかっていないと、世間や周囲に合わせた働き方をしたり、お金の使い方をしたりして、一向に満たされることがありません。

また、得意なことをしていると、それだけで気持ちが満たされるので、お金で過剰な埋め合わせをする必要がなくなります。ムダ遣いがやめられないときは、自分のエネルギーが楽しいや好き、心地いいに向いていないときです。

まとめ
summary

起業してからの10年間、プレッシャーに押しつぶされそうになったこともあるし、正直、逃げ出したいと思ったこともありました。

でも、やめなかったのは、やっぱりこの仕事が好きだから♡

どんなに人よりもうまくできて、楽しいことにだって、「いいこと」と「悪いこと」の両面があります。その両方を受け入れる覚悟を持ったときに、きっと、それまでは想像もできなかったような大きなミラクルがやってくるのです。

LESSON

4

「エネルギー」が
お金も幸せも
たくさん連れてくる

まずは自分のエネルギーを上げる

リエ　はぁ～、「お金ドバーッ♡」を早く体験してみたいです。

よしみ　だよね、だよね。「お金ドバーッ♡」を体験するために知っておいてほしいことがあるの。それはね、「エネルギーの循環」のお話。

サメコ　よしみさん、よくエネルギーっていう言葉を出されますよね。

よしみ　前にも言ったけど、**この世はすべては素粒子っていう小さな分子が組み合わさったエネルギー体**なんだよね。電気や光みたいに目に見えづらいエネルギーもあれば、私たち生き物や、このテーブルやペンのような物体として目に見えるエネルギーもある。昔、化学の時間に習ったでしょ、原子記号。あんな形で、私たちも分子が組み合わさってできているのよね。

リエ　分子の一粒一粒が小さなエネルギーなわけだから、分子が集まってできているこの世のものは全部、エネルギー体ということですね。

サメコ つまり、お金もエネルギーであると。

よしみ そういうこと。「パワースポットに行ってパワーをもらおう」というのも、私たちはエネルギー体だから、エネルギーの高い場所に行けば、高いエネルギー（いいパワー）を浴びられるってこと。

サメコ 反対に、この場所は合わないなってこともありますよね。人もそう。

よしみ うん、すべてはエネルギーだからね。私は自分がエネルギー体だって感覚的にわかった上で、**「好き」や「嫌い」をしっかりと見極めるようにしたら、人、場所、もの、すべてのことに「合う」「合わない」が顕著に現れる**ようになってきたの。

サメコ 合う、合わないがあるから、**自分のいるところを「好き」なものでいっぱいにすると、居心地のいい空間が生まれる**ということなんですね。

よしみ そうだよー。そして、エネルギー体である私たちが行動すると、またそれが、エネルギーとなって、放出されるんだよね。よくあるじゃない？　少年マンガとかでエネルギー波を手から出すみたいな。

リエ　確かに!!　必殺技って、たいがいエネルギー波!!

よしみ　そう！　マンガの中で登場人物が言ってたんだけど、自分の中のエネルギーを集中的に手から放出しているらしい。あれを私たちも普段の生活でやっているわけ。手から出しているわけじゃないけど、言葉を発するのも、仕事をするのも、運動するのも、考えるのも、全部エネルギーを出していることになる。あ!!　お金を使うことも!!

でも、大抵の人は、そのエネルギーを出し惜しみしているの。省エネモードで生活してるというか。

リエ　省エネモード……。なんか、すごくわかる気がします。

よしみ　省エネモードで生活すると、エネルギーが減らないように感じるでしょ？　でも、じつは循環がすごく滞るの。**まず、「お金ドバーッ♡」を体験したいなら、自分のエネルギーの循環をとりあえず回すことだよ。**

リエ　どうやって回したらいいんですか？

よしみ　自分のエネルギーを勢いよく出してみるの。

リエ　エネルギー波みたいに？　ど、どうやって（笑）。

よしみ 私は「人生に本気出す」と言っているんだけど、エネルギーを勢いよく出すためには、やりたいことをやってみる。行動してみるの。

・行きたいと思っていた旅行に行ってみる
・行きたいと思っていたカフェに行ってみる
・会いたい人に連絡してみる
・大好きな歌手のコンサートに行ってみる
・ずっと取りたかった有給を申請してみる

本当に、なんでもいいんだ。いままで、「まあ、いいか」と省エネモードゆえに諦めていた「やりたい」「行きたい」をかたっぱしから叶えてみるの。

リエ え⁉ やりたいことを、やってみるだけでいいんですか？

よしみ そうだよ。そうすれば、エネルギーって勢いづいて循環し出すんだよね。**あと、豊かさの先取りで、普段使わないようなお金を出して、欲しいものを手に入れてみる。**これには、もちろん理想の豊かさを先に味わうという意味もあるけれど、エネルギー循環にも一役買っているの。**お金を出すのもエネルギーを出すことになるから、自分の中で循環が始まるんだよね。**

リエ　なんだか、ものすごくエネルギーを回したくなってきました！

よしみ　**最初は本気出して、でも、ムリなくやることが大事。**お金を使うときも、行動するときも。加減がわからずにやりすぎてしまうと、お金の循環がショートして、回らなくなったり、体を壊してしまったりするから。大事なことは、循環させ続けることだよ。

サメコ　循環を続けることで、変化も生まれますか？

よしみ　うん、**出して、入ってきてを繰り返すと、どんどん、エネルギーを出す自分の器が大きく丈夫になっていく。**そうすると、どんどん出せるエネルギーも大きくなっていくの。大きなエネルギーを出すことで、さらに大きなエネルギーが入ってくる。それが、お金であり、人脈であり、チャンスだったりするんだよね。

私も少しずつエネルギーを出し、それがお金や人脈やチャンスという形で自分に返ってきて……という循環を繰り返すことで、自分の器が大きくなったと思う。「ブログを書く」という同じ行動でも昔よりもたくさんのエネルギーが出せるから、届く人も多くなったし、それで循環もさらに大きく、入ってくるエネルギーもどんどん大きくなっているよ。

リエ というと、最初から大きなエネルギーをドバッと入れることはできないんですか？　早く「お金ドバーッ」を体感したいです!!

よしみ できないことはないよ。でも、宝くじに当たった人が急に体調を悪くしたり、散財して破産したりする話を聞くように、自分の器に合わないエネルギーが入ってくると、サイクルがおかしくなって、循環し続けられなくなるのは確かかな。

リエ だとすれば、やっぱり、自分で少しずつエネルギーの循環を大きくしていって、「お金ドバーッ♡」をムリなく体感することが大事なんですね。

- 循環を滞らせないことが大事
- 少しずつ、自分が出せる
エネルギーを大きくしていこう

「好き」がモチベーションを保つ

よしみ よく「ずっとモチベーションを保てるのはどうしてですか?」って聞かれるの。リエちゃんの仕事のモチベーションって、何かな?

リエ うーん、「やらなくちゃいけない」でしょうか(笑)。

よしみ 多くの人が、きっとそうだよね。だけど、それって、追い詰められた気分にもなるよね、きっと。「やらなくちゃいけない」だけで走り続けると、やがてエネルギー切れを起こしちゃう。

リエ まさにそうです。ときどき、やりがいが感じられなくて疲れちゃうんですよね。

よしみ サメコちゃんは日本のライタースクールに通おうって決めたとき、費用がネックでご家族に大反対されたんでしょ?

サメコ　はい。すでにニューヨークに住んでいたので、受講費用の数十万円に加えて渡航費と滞在費もかかるし、妻である私が長期家をあけることもすぐには賛成してもらえなくて。

よしみ　サメコちゃんがすごかったのは、そこで諦めないで心理学を学んでまでご家族を説得したところ。どうして、そこまでのエネルギーが出たんだと思う？

サメコ　やっぱり、どうしてもライターになりたかったたし、その先生から学びたかったんです。主人は転勤族なので数年ごとに住まいが変わる予定ですが、この仕事ならどこにいてもできるし。

よしみ　「文章を書くのが好き」って気持ちがモチベーションになったってことだね。

サメコ　そうです。大学2年生のときからずっとブログを書き続けていて、私にとって書くことは1円にもならなくてもやりたいくらい楽しいことだったんです。

よしみ　この**「好きエネルギー」がすごいのは、どんなに使っても無限に湧く**ところなの。

リエ　そっか、エネルギーを使っている間もずっと気分がいいですもんね。でもよしみさんは年数が経って、好きな気持ちが下がっちゃうようなことはなかっ

よしみ たんですか？

サメコ 「いちばん好き」の対象が次第に変化することはあるかもね。たとえば私が、1対1のセッションから執筆とセミナーに移行したみたいに。

よしみ 私は、いまイラストのお仕事も引き受けているんです。ニューヨークに移住してから、まさに好きのエネルギーを向けるところが変化したり増えたりしました。

リエ でも、いつも「そのときに自分がいちばん好きなこと」にエネルギーを注いでいるから、モチベーションはずっと維持されたままだよね。これって、少し恋愛に似ている気がする。

よしみ えっ、恋愛のモチベーションですか？

リエ 好きな人のことを考えると、いつだってテンションが上がるでしょ？ ほかの人が「あの人？ やめておきなよ～」とか言っても、「私は彼がいいの！」って。その「彼」が別の人に変わることはあるかもしれないけどね（笑）。本当に好きなことってそんな感じ。

わかります、なりふりかまわず恋に突っ走る感じですね（笑）。

よしみ 私の友人がハワイの人と結婚したの。ハワイの男性ってとってもマイペースで、ご主人のお友だちが突然、二十人くらいで家に遊びにきたり、夜中の0時過ぎに勝手に入ってきたりするんだって。彼女の自宅は広いワンルーム。夜中に枕元をうろうろされるって、日本だったら大問題だよね（笑）。

サメコ ニューヨークでも、困るかも！（笑）奥様であるお友だちは怒らないんですか？

よしみ 「怒っても絶対にやめないもん」ってニコニコしてるよ。ほかにも、ご主人はお給料が入ると趣味の車やバイクのパーツに費やしちゃって、いつも口座はすっからかん。結婚生活の10年間で1回だけ別れて日本に帰ろうと本気で思ったことがあるらしいけど、「でも、結局は好きなんだよね」って。

リエ 「好き」のエネルギー、すごすぎる！（笑）

よしみ そうそう、「好き」はすごいんだよ。その友人の話を聞いていて、私が「好きだから、この仕事を続けてこられた」のと、根本は一緒なのかもと思ったんだよね。だから、**もっともっと、身近な好きを見つけていくことが大事だよ。**

「こんなことでお金をもらっていいの？」と思えたら勝ち♡

サメコ 「好き」なことをしたほうが成功しやすい理由を言葉にすると、どんな感じでしょう？

よしみ 「好き」だと楽しめる、続けられる、夢中になれる。つまり、エネルギーがドバーッと自然に出せちゃうの。そして、夢中になって出した大きなエネルギーが循環して、自分にもなだれ込んでくるわけ。だから自然と成功しちゃう。

リエ イヤイヤやってると、省エネモードになっちゃうってことですね。

よしみ そう。**「好きなことをやっているとき」と、「イヤなことをやっているとき」では気持ちも行動量もまったく違うでしょ。**だから、エネルギーを出し惜しみしない「好き」に集中したほうが、うまくいく確率が高くなるよね。

サメコ 好きなことだと「ただただ、やりたい！」って気持ちだけで行動できるけど、イヤなことだと「得になるのかな」って、つい見返りを期待しちゃいます。

リエ　同じだな〜。私も、よしみさんのアテンドやサメコちゃんとやっている「ニューヨーク女子部」の運営や好きな人のアシスタントは本当に楽しいから、お金や結果は関係なく経過をワクワク楽しめちゃう。でも、こんなことで、お金もらっていいのかなーとも思っちゃう（汗）。

よしみ　それ！　それだよ‼　リエちゃんが**「こんなことでお金をもらっていいのかな？」って思うことこそ、仕事にするべき。**だって、苦労してないよ？　大変なことしてないよ？　ってことだよね。それでいいの。それこそ、本来の仕事とお金の関係だよ。ワクワク楽しく行動して、考えて。苦し紛れにイヤイヤ考えるより、何倍もいい仕事ができるんだから、逆にそれこそお金をもらうべき‼　なんだよね。

リエ　今回、よしみさんからもお金をいただいていますが、結構、恐縮していました。私にとっては楽しいことで、こんなにもらっていいのかなって。

よしみ　仕事をお願いする人には楽しく働いてほしいし、私もうれしいの。それに、お金を払っていないのにいろいろお願いしたら、私が逆に恐縮しちゃう。リエちゃんは、ちゃんと好きなことで成功しつつあるんだよ。

動くと「人脈」も「チャンス」も「お金」も手に入る！

よしみ 読者の方から「理想をイメージするのがいちばん大事なんですよね？」「意識を変えればいいんですよね？」って聞かれると、「もちろんマインドが大事だけど、行動しないと実現しません」って言うの。

サメコ 好きが大きくなって、「こうしたい！」って決めたら、自然とじっとしていられなくなる気もするんですよね。

よしみ そうだよね。好きに本気になると、絶対に行動したくなるの。この前、知り合いの人から「未来は掛け算」って聞いたの。「行動力が0」だと、どれだけ素晴らしい「イメージ100」や「人脈100」に掛けても答えは0になっちゃう。

リエ なるほどです。「素敵な人と出会いたい」って言いながら会社と自宅を往復していいるだけだったら、生活になかなか変化も生まれないでしょうし。

よしみ　そうそう。私たちのいる三次元では実際に動いてみないと、実現するエネルギーが動かない。もちろん思考もパワフルなんだけど、ただ念じているだけでは、やっぱり叶いにくいのよね。

サメコ　**「エネルギーは先出し」だって教えていただきましたけど、行動のエネルギーも同じ**だってことですね。

よしみ　その通りだよ。私は起業したとき、お客さんが来てくれるかもわからないうちから、家のリビングの一角をサロンにする準備をしていたの。そうやってうまくいくかわからなくても、好きなことにエネルギーを向けて行動したら、どんどんエネルギーが循環して、自分のところに舞い込んでくるようになった。そのエネルギーがお金であったり、人脈やチャンスなんだよね。

「好きなことにエネルギーを向ける（イメージ100）」×「実現するためにエネルギーを使う（行動100）」＝「無限大∞（お金＋人脈＋チャンスetc.）」

こんなふうに、未来の方程式は、いつも掛け算だってことを覚えておいてね。

お金持ちは投資が好き

リエ 今回、お仕事としてよしみさんからアテンドの依頼をいただいて、びっくりしたんです。1年前にサメコちゃんのサポートでよしみさんのニューヨークツアーのお手伝いをしたときは、「おもしろそう、やりたい！」って楽しさだけで、まさかお仕事としてお声を掛けていただけるとは思ってもいなくて。

よしみ 前回、2人ともとてもよくしてくれて、全幅の信頼を置けると思ったから！それに、本当はサメコちゃんのサポートとして入ってくれていたのに、すごく動いてくれたじゃない？　その姿にとっても感動したの。「見返りを求めない」というか……。それこそがいちばん得をするスタンスなんだよ。

リエ えっ⁇　ごめんなさい、ピンときてません（笑）。たしかに、またよしみさんとご一緒できるのは、私にとってすごくラッキーなことですけど……。

よしみ　これまでに何回も「エネルギーは先出しだ」って言ってるけど、**「出したら、すぐに元を取ろうと思わない」っていうのも、成功するための大事なコツなの。**

サメコ　たとえば、サメコちゃんは、会いたい人に自分からメールでコンタクトするでしょ？　これまで、すぐにお返事をいただいて面会が実現したこともあれば、回りまわってチャンスにつながったこともあったんじゃない？

そうですね。先にお会いした方が紹介してくださるとか、インタビューが実現しなかった憧れの人に、別の方のイベントでごあいさつができて、後日、お時間をいただけたり……。そういったことも何度かあります。

よしみ　出したエネルギーは投資と同じで、すぐにリターンがあるとは限らないの。でも、2人みたいに、**純粋に「やりたい」「会いたい」って楽しんでいたら、何年かあとにものすごい大きな掛け算になってチャンスが巡ってくることもある。**

リエ　そこも掛け算なんですね。

よしみ　そうそう。何かを学ぶときも一緒で、「受講料の元を取ってやる！」って力んでいると、本当に元しか取れないの（笑）。その学びを自分の知識やスキルや人柄と掛け算して、もっと素敵になろうって肩の力を抜いて、楽しんじゃえばいい。

リエ そうすれば、何倍もの結果が返ってくる？

よしみ うん。**エネルギーを出すときに見返りを期待するのが、じつはいちばん損なことなんだよね。純粋な気持ちでドバッ♡と出したエネルギーは、自分が出した方向だけじゃなくて、全方向に効くの。**

リエ おぉ〜、だから思わぬところからチャンスがやってくることもあるわけですね。

よしみ そういうこと。私たちは行動をしたり、人に何かをするときについ、「ギブアンドテイク」を求めてしまうけれど、まずは「ギブアンドギブ」。

サメコ 確かに、仕事でお会いするお金持ちの人ほど見返りを求めません。

よしみ 直接的に元を取ろうとすると、それ以上は手に入らない人生になることが、お金持ちの人にはよくわかってるんだよね。「経済が豊かだから心も豊かなんでしょ」って思ってしまうけど、じつは反対なの。エネルギーを出していることにワクワクして満たされて豊かな気持ちでいると、後から、いろーーんなミラクルが起きるの。

サメコ よしみさんもそういう「ギブアンドギブ」でミラクルな体験をしたことがありますか？

よしみ そうだな、本当にいろいろあるけれど、ブログがその一つかな？ 毎日書いたってうまくいくのかはわからないし、お客さんが来てくれるかもわからなかった。でも、とにかく書き続けたの。自分の持っている情報をシェアし続けた。前に、ブログでの集客講座をしたときに、生徒さんから「本当にお客さんが来るんですか？ 来るなら書くけど、来ないなら書きたくないです」って言われたことがあったのね。でも、それはわかんないよね。

お金持ちは投資が好きだし、得意なの。会社を立ち上げるときも借金をして始める人も多いでしょ。それも自分の未来への投資だよね。投資するのは何もお金じゃなくていい。**お金以外のエネルギーを出すことだって自分の未来への投資になるんだよ。** 自分が何を投資できるか、考えてみてね。

WORK

あなたが投資できるものは？

あなたが投資できるものをなんでもいいから書き出してみよう。
純粋に「やりたい」「楽しい」ことを思い浮かべながら考えてみて♡

（例）ブログで役立つ情報をシェアしてみる、気になるセミナーに行ってみる、
ボランティアに参加してみる　など

バッグの中身は「いまの私」を映す鏡

よしみ　2人とも、愛用しているバッグがあると思うんだけど、バッグの中身って「いまの自分自身」を表しているんだよ。

リエ&サメコ　えーっ。バッグ本体じゃなくて、中身ですか？

よしみ　そうね、どんなバッグを選ぶかにも個性は出るけど、やっぱり中身かな。一度、バッグの中身を全部出してみて、「これがいまの私の姿なんだ」って、一つひとつ観察してみるの。このアクションをね、以前、講座でやったことがあって。抜き打ちのバッグの中身チェック。

リエ　学生時代の風紀検査を思い出しちゃう！（笑）

よしみ　いま、その講座を受けてくれた人がうちの講師として働いているんだけど、彼女がこんなことを言っていたの。

リエ 「あのとき、バッグの中身をテーブルの上に出したときに、なんだか『これがいまの私なの？』って恥ずかしくなって。憧れの自分のイメージとは、まったく違う感じがしたんです」って。

それから彼女は、**「憧れの自分なら、どんなものを持っているだろうか？」**って、バッグの中身を一つずつ見直して、「憧れの未来の自分」が持っているであろうアイテムに、どんどんリニューアルしていったんだって。

サメコ ギクッ！　私も、いま結構、「とりあえず」で買ったアイテムばかりがバッグの中にあるかもしれない……。「こんな私になりたいな」というイメージからは掛け離れている気がします。

よしみ リエちゃん、大丈夫よ。高価なバッグを手に入れるのは難しいけど、バッグの中身なら小物も多いし、私たちでも憧れを先取りしやすそうよ！

その通りだよ。私はまず、ポーチから替えてみたんだ。私はノベルティや雑誌の付録でもらった「とりあえずなポーチ」を使っていることが多くて。もちろん、それを自分がすごく気に入ったならいいんだけど、そうじゃないなら、**ちゃんとお気に入りを選んで購入するのがオススメ。**

リエ　ポーチって、毎日、目にするし、使うものだから、お気に入りのものだとそのたびにウキッ♡としますよね。

よしみ　そうなの！　あとね、昔、私がイメージした「理想の自分」は大きめのバッグを持った「仕事ができる女性風」だったから、当時はとにかく大きなバッグにパソコンや書類をたんまり入れて、重たーくして肩からかけていたの。

サメコ　いまのよしみさんとまったく違いますね！

よしみ　うん。時間が経つにつれていろいろ変化してきたから、**もう一度、「理想の自分」を考え直してみたら、「小さいバッグを優雅に持つ私」が理想になっていたの。**そこから荷物をもっと厳選して、バッグも小さいものを持つようになったんだ。

バッグ本体も理想の自分の更新に合わせて、リニューアルが必要なんですね。

リエ　そうそう。バッグに入れるペンなら1～2本だと思うけど、それも「とりあえず」で選ぶのはやめて、お気に入りのものにする。ハンカチもお気に入りのものでね。

よしみ　私はいま、アイロンをかけるのが面倒でタオルハンカチにしているの。分厚いから子どもっぽいかなって思ったんだけど、フェイラーのものはエレガントでコンパクト。すごく重宝していて、いろんな種類を持ってるよ。

サメコ よしみさんは手帳もプロデュースして販売してますけど、小さなバッグに収まるコンパクトなものっていうのがポイントでしたよね。

よしみ そう！　いまは大きいバッグをあまり持たないし、小さなバッグにすっぽりと入って、でもたっぷり書けるっていうことにこだわりを持って、手帳を作ってるよ。

バッグの中身にも「厳選力」を発揮して、「ちょっと理想の自分と違うな」って思ったり、しっくりこないなって感じたら、どんどんリニューアルしていこう。

❤ WORK ❤

バッグの中身から、「いまの私」を客観的にチェックしてみましょう

自分の普段使うバッグの中身を出してみて、
「理想の自分」はこのアイテムを持っているかな？　と一つひとつ考えてみよう。
ピンとこなかったものは少しずつリニューアルしていこう♡

「いまの私」が持っているバッグの中身

「理想の私」が持っているバッグの中身

「好きの変換」で職業の選択肢が増える

リエ よしみさんは「好きだから、10年この仕事を続けてこられた」とおっしゃっていますが、中には続けられない人、やっぱり趣味のほうがいいかなという人もいると思うんです。それについてはどう思われますか？

よしみ もちろん、仕事にしないで趣味で好きなことをするのもいいと思う。**仕事ってお金と同じで、人生を楽しむ一つのツール**なんだよね。だから、「趣味を楽しむためのお金を仕事で稼ぐ」って割り切るのもいい。ようは**自分が納得して、働き方と生き方を決めることがすごく大事なことだと思うの。**

でも、どうせ働くんだったらイヤイヤ働くよりも楽しく働いたほうがいいから、私は「好きを仕事にする」ってことを、すごくオススメしているんだ。

サメコ そうできたら本当に最高だと思います。でも、好きなことを仕事にできない人も多いですよね。

よしみ 好きを仕事に変換する力が足りない人も多いかもしれないね。でもね、**「好き」や「やりたい」を気軽に発信してみるだけで、誰かに届いて、それが仕事になるってことは、じつはたくさんあるの。**

リエ よしみさんは、まさに変換してますよね。

よしみ 誰にだって、変換できるんだよ。たとえば、犬が好きな人だったら、これまではブリーダー、トリマー、獣医師、看護師、ペットショップスタッフあたりが王道の職業だったよね。でも、いまはどう？ 個人でペットシッターをやる人もいるし、SNSに可愛いペットの写真をあげて、本として出版される人だっている。ニューヨークではドッグウォーカーって、犬を散歩させる仕事をしている人をよく見かけるでしょ？ 成功しているドッグウォーカーは年収1000万円の人もいるんだって。

サメコ 年収1000万円！ アメリカンドリームですね。

よしみ ね。『「犬が好き」だけでは仕事にならないかも』と思っていても、いろいろな選択肢があるってことが、自分の世界を広げるとわかるんだよね。たとえば、役者さんや芸人さんも、活躍する場は映画やテレビだけじゃないでしょ。舞台、ワークショップ、スクール、いまはユーチューブも!! 稼ぐフィールドは一つじゃないものね。

リエ 私は、やっぱりビジネスで頑張っている人とたくさん関わっていきたいです。よしみさんのアテンドのお手伝いをしたり、サメコちゃんと「ニューヨーク女子部」を運営したりして、人のフォローをするのが好きなのかもって思えてきました。

よしみ じゃあ、私のほかにも、ニューヨークに仕事でよく来る人とか、これからニューヨークで仕事をしたい人のアテンドを、副業から始めてみたらいいんじゃないかな。

リエ それができるなら、やりたいです!!

よしみ 絶対できるよ。ここからいろいろ具体的に考えていこう!

まとめ

summary

「好き」が強力な「決断力」を養う。「好き」は、あなたの最強の相棒

私がこんなに「好き」にストイックになったのは、起業してからです。

起業といっても、一人きりのフリーランスからのスタートでした。仕事の内容を好きに決められて、働く時間も場所もペースも全部、自分の好きに決めることができました。

でも、一見、とても自由で楽しそうに思えるのですが、意外と大変です。そう、すべてを自分で決断しなければなりません。どんな小さなことも自分で責任をとり、毎回、自分で選択していく。何も決めずにいたら、そのまま時間だけ過ぎて、結局、何も始まらなか

ったということにもなりかねないのです。

私は「好きなことを好きなときに好きな場所で好きなだけ♡」というコンセプトで、このワークライフスタイル（働き方・生き方）を発信していますが、とっても自由に見える半面、自分で決めなければならない不自由で面倒くさいところもあります。

ただ、そんな働き方をしていく中で、「決断力」がものすごく養われました。そう、「自分で決める力」です。**この「自分で決める力」を高めるために必要だったのが、自分が「何が好き」で「何が嫌い」なのか、「何をやりたくて」、「何をやりたくないのか」という、自分自身の基準を持つことでした。**

これがないとまったく選択することができず、決断もできず、迷ってばかりで、人に答えを聞きたくなり、結局、何も始まらない……ということになってしまうのです。腹をくくって決めて、そし

まとめ

summary

て行動する。

それを繰り返してきて、いまの私があるのだと思います。

前置きが長くなりましたが、**自分の「好き」を知ることは、決断力を上げること。自分で人生の舵《かじ》を取れるようになることなのです。**

いつも「好き」を基準に選択し、「好き」にエネルギーを注ぐ。

その結果、「好き」は「大好き」になって、私だけの特別な人生ができあがるというわけです。

また、「好き」を基準にすると、結果や成果にこだわらなくてよくなります。

「これをやったら、本当に儲《もう》かるのだろうか？」

「本当に成功できるのだろうか？」

そんなことを考えていると、一向にはじめの一歩が踏み出せません。だって、どんなことも、やってみないとわからないのですから。

「好き」なことは、「結果はどうなるかわからないけれど、とりあえずやりたいからやってみよう！」と、そんな気持ちで、軽く一歩を踏み出すことができます。

そして、ちょっとくらい失敗しても、「こうやってやると、失敗するんだな。次はこうしてみよう！」と、怖れることなく、また新たな一歩を踏み出せるようになるのです。

「好き」は失敗をものともしない
「好き」は、私の最強の相棒になる

自分の「好き」がわからない人は、最初は「嫌い」から探してみてもいいかもしれません。その裏側には、きっとあなたの相棒になる「好き」がいるはずです。

まとめ

summary

さあ、まず自分の「好き」と「嫌い」をノートにたくさん書き出してみましょう。書いた「好き」の中に、あなたの未来の相棒がいるかもしれません。

LESSON

5

「年収1000万円」に近づくためのヒント♡

「好きなことで稼ぐ」体験を重ねる

よしみ　私の本を読んでくれた方から、「私も好きなことで年収1000万円を目指します！」って反響をいただくたび、とてもうれしくていつも感動しているの。だけどその一方で、「いますぐ大きく成功しなきゃ！」って焦ったり、自分を追い込まないでほしいなと思うこともある。

リエ　よしみさんにも、ここまでくるための段階がいくつかあったということですよね。

よしみ　そう。いま、大きくお金が入ってくる流れができて、私が安心できているのは、これまでに小さな成功体験をたくさん重ねてきたからだと思うんだ。

サメコちゃんも、大企業で高いお給料をもらっていたときに比べたら年収が下がったと思うけど、好きなことでお金を稼ぐとものすごい自信になるでしよ？

サメコ その通りです！　最初にいただいたのはウェブの小さな記事でギャラも少なかったけど、「趣味が仕事になるかもしれない」ってウキッとした瞬間でした。

よしみ そのウェブの仕事に本気で取り組んだから、次の仕事も舞い込んできたんだよね。

サメコ はい。コラムを書くお仕事も始まりました。

よしみ 最初から「本を一冊書かなければ」と大きな理想ばかりを求めて、「いま？」の状況を嘆いていたら、そこにはうまくたどりつかなかったかもしれないよね。

私のパーソナルスタイリストとしての報酬も最初は数千円からのスタートだったの。目の前のお一人おひとりと向き合って、楽しみながらやってきたから、少しずつ大きな仕事ができるようになって、そして、大きなお金も入ってくるようになってきたんだなって思うんだよね。

そうやって段階を踏んで、お客様の数、できるメニュー、収入が増えたんだ。

リエ 最初から成功を大きく設定すると、どんな困ったことが起きるんでしょう？

よしみ　大きく設定すると、「本当にできるかな」って疑いが出てきちゃうじゃない？　だから、**「好きなこと、楽しいことをすればお金が入ってくる」状態を「自分にとってあたりまえのこと」にする**ために、小さな成功をいくつも積み重ねてほしいんだよね。

サメコ　一度で手にした大きな成功って、失う恐怖もつきまといそうですね。

よしみ　そう、どこか分不相応で自分を信じきれない。本気で意識を変えるためには、実感をともなう成功体験を何度もすることが、実はいちばん近道なの。まずは一度でいいから、「好きなこと」「楽しいこと」でお金をいただく経験をしてみるといいんだよね。それが、たとえ数百円だってすごい感動だから。

リエ　小さいことでいいならできる気がします。あと、たとえお金が発生しなくても、自分が誰かの役に立ったりすると、うれしくて自信になることってありますよね。

よしみ　そうそう♡　**自信を持てた部分が、いつの日か仕事になる**かもしれないしね♪

　私ね、去年、ニューヨークに初めて来たときに、と〜っても落ち込んだんだ。

サメコ　あらっ、どうしてですか？

よしみ 言葉がまったく通じなくて、ショップの人に軽くあしらわれることも多かったのね。キャリーみたいにおしゃれにスマートにふるまうなんて夢のまた夢かぁって。

リエ ついて回って通訳してあげたかった……(笑)。

よしみ 本当！ お願いしたかった(笑)。ホテルやショップで「How are you?」って声を掛けてもらってもアワアワしちゃって(笑)。でも、あるとき、「I'm good! How are you?」っていい感じに言えて、「よっしゃー!♡」ってなったの。ね、成功体験って、こんな小さなことでいいんだよね。**何回も、この「よっしゃー♡」を味わううちに、それができることが「あたりまえ」になってい**く。そして、それが自信になるんだよね。
「自信がないから始められない」ってよくご相談をいただくんだけど、自信なんて初めはみんなないもの。自信をつけてから始めるなんて不可能なんだから、「ないまま」でとりあえず始めて、失敗したり、小さな成功を繰り返しながら、少しずつ自信をつけていけばいいんだよね。

愛され上手になるとお金も受け取り上手になる

リエ　「エネルギーは循環させることが大切」だって教えていただきましたけど、お金の使い方も同じでしょうか？

よしみ　まさに、そう。**お金の流れを止めちゃうのは、「自分自身のエネルギーを滞らせた状態」なの。**自分のエネルギーって、わかりやすいものだと「税金とか公共料金など払わないといけないお金」も含まれる。するべき支払いを先送りにして、「豊かさの先取り！」ってほかでお金を使っても、本当の豊かさは味わえない。

サメコ　ムリな借金をしてハイブランドの品物を手に入れても、エネルギーは循環しないということですね。

よしみ　そう。計画的なローンなら、「ちゃんと循環できている」ってことだからいいんだよ。でも滞納するようならダメ。私の友人も、後回しにしていた支払いをすべて終えたら、お金の流れが変わったのを実感したそう。

リエ お金がもったいないって支払いを渋ると、結局は自分が損するんですね。

よしみ そうなの。**「お金」って「愛」と同じエネルギー**だから。私はそれに気づいたら、「お金ドバーッ♡」を体感できるようになったの。

リエ 愛と同じ！　その発想はありませんでした。どういうことですか？

よしみ 愛を出すとき、誰かが何かを愛するときに、「もったいないなー」「なくなったらイヤだ」なんて思わないでしょ？　愛をもらうときも、「なんだか悪いな」とか「もらいすぎ！」とか考えない。**お金を出すときも、もらうときも、愛と同じテンションでいればいいの。**

サメコ 私たちは愛は無償＝高尚で、お金は有償＝低俗。だから、同列にしちゃいけないって、つい思い込んじゃうんですかね。

よしみ そういう部分があるのかもね。でも、お金は汚れたものなんて考えたら、ますます自分のエネルギーが停滞して、お金が入ってこなくなっちゃう。

リエ 私は、お金も好意も受け取るのがヘタなのかも……。

よしみ　私もサメコちゃんも、リエちゃんに愛を送ってるよ〜。リエちゃんは、今夜から寝る前に「私は愛されて当然♡　みんなから愛される存在」って唱えるといいよ。エネルギーの流れが変わってくるよ。少しずつでいいから、自分の中でエネルギーを流し続けて、循環させることが大事なの。

サメコ　少しずつ流すために、何かできることはありますか？

よしみ　**買い物をしてレジでお金を払うときやカード決済するときに、「お金を出せてうれしー♡」「やったー、幸せと交換できた♡」って、よろこぶこと。**愛を出せたらうれしいでしょ？　それと同じ気持ちで出してみる。そうすると、「お金ドバーッ♡」も「愛ドバーッ♡」も実感できるようになるよ。愛を受け取るのがうまい人は、お金を受け取るのもうまいの。どうせなら両方のエネルギーをたくさん循環させてドバーッ♡をたくさん味わおう。

選択の基準を「損得」にしない

リエ　私の一番の悩みは、お金は欲しいけど、私にそんな「価値のある仕事」ができるのかな……っていうことなんです。最初に書いた「お金の悩み一覧（P23）」の仕事の部分にも書いたけど、本当はもっと自分の能力を出しきりたいし、それがお金になる環境でワクワクしたい!!　って思ってます。でも、やっぱり私にそんなことできるの!?　みたいな（笑）。

よしみ　リエちゃんは優しくて謙虚だから、自分の「価値」も過小評価してしまっているのかも。

サメコ　リエちゃんって本当に優しいんですよ。自己主張が控えめで、大勢のいる場でさりげなくサポート役に回ってくれて。

よしみ　リエちゃんは「人をよろこばせたい」という思いがとっても強い人だよね。

リエ それがとってもいいところ♡　でも、「よろこばせないと、自分に価値がない」って感じてしまっている部分があるのかも。

よしみ 確かに……。役に立たないと、価値がないとって思っちゃっているかも。

リエ そこだね！　結果にすごくフォーカスしてしまっているんだ！　自分が得を与えられるか、損を与えてしまうんじゃないか、ということを考えすぎてしまうと、なかなか動けないよね。それよりも、リエちゃんが**純粋に「楽しい」ことをして、それでよろこんでくれる人と一緒に仕事をしたらいい**んだよ！

よしみ そんなことをしていいんですか……。不安があります。

リエ 私の知り合いの書籍編集者のBさんっていう人がね、以前は、著者を選ぶときに、「実績があって、ある程度の売れ行きが見込める」ことがいちばんの条件だったんだって。

サメコ それだと相性の合わない人も出てきそうですよね。

よしみ まさにそうだったみたい。著者の人と合わないなって感じたり、打算で選んだはずなのに、思っていたより部数が伸びない。いいサイクルが生み出せなかったのね。

サメコ そんな中、Bさんが心から尊敬する大好きな方の本を担当してみたら、その本が大ヒット!! 「好きな人と仕事をするのって楽しいな」と感じて、「やっぱり、『好き』で選んでいいんだ」って思ったそうなの。

よしみ へえ〜。いま、Bさんはどうなさっているんですか?

サメコ そこから、Bさんの世界が変わったの。**自分が「この人の本を作りたい!」と思う好きな人とだけ、ワクワクする仕事だけをするようにしたんだって。**「この人とやれば売れるだろう」じゃなくて、「この人と仕事したい!」と思える人とね。そうしたら、「この人なら売れるかも」って思って著者を選んでいたときより、どんどん数字がついてきて、会社でのポジションもお給料も上がったって大よろこび。

リエ Bさんの転換期だったんですね、いいなあ。

よしみ 今日がリエちゃんの転換期かもよ! 「イヤなことはやらない」って決めて、好きな著者としか仕事をしないと決めたBさんはいつも楽しそうで、いまは2年先まで出版の企画がつまっているんだって。前は企画を考えるのに追われていたらしいのに! それってすごいことじゃない?

サメコ　すごい！　企画を出すのって大変ですものね。

よしみ　Bさんは「仕事をやめなくても、たとえ同じ場所にいても、自分の世界は自分で変えられるって確信しました」って言ってたよ。リエちゃんも、**選択の基準を「損得」にすることを一つずつやめていったら、やがて大きなエネルギーになって、ぐわーっとすごい転換期が訪れるはずだよ♡**

リエ　私も「損得」を一旦ムシして、自分の「楽しいこと」をやってみます！

よしみ　きっとBさんも、最初は「結果を出せる著者を選ばなくて大丈夫だろうか」って、勇気が必要だったと思うんだ。だからリエちゃんも人に与える「損得」を一度忘れて、「好き」や「ワクワク」にベクトルを向けてみてね。

全員に好かれることをやめると「利益」が生まれる

リエ 好きなことを仕事にすることに、ものすごい憧れがあるんですけど、私には、好きを「利益」にする仕組みがよくわからないんですよね。

よしみ 最初から「売れるもの」や「仕組み」をパッとひらめく人もいるけど、そこは後天的に学ぶ部分だと思うの。たとえば、こんな感じ。

①「好き」とお金を交換していいと認める
②お金に換えられる「好き」を見つける
③「好き」「得意」「経験」「楽しい」を掛け合わせたサービスを作る
④仮でいいので値段をつけたメニュー表を作る
⑤サービスを始めたことを周りに伝える
⑥やりながらバージョンアップしていく

サメコ 私も若いときは「好きなことを仕事にできるのは、ひと握りの才能がある人だけだ」って思っていたけど、もう、そういう時代じゃないんだよね。

よしみ 私も、父に「好きなことを仕事にしたい」って言ったら「夢物語だ！」って言われました。でも、いまはネットで手軽に好きなことや得意なことを発信できます。そのシグナルを見つけてくれた人とマッチングできるんですよね。

リエ ネットの普及が本当に大きいよね。ＳＮＳは、それぞれが個人のメディアを持って、世界のマーケットに発信できるってことだもの。

よしみ **自分の「好き」「得意」「経験」「楽しい」。まずは、この４つをちゃんと見極めること**ですね。

リエ さすがリエちゃん！　のみ込みが早い。③の「掛け合わせたサービス」は、これからの私たちが売っていくもので、生活になくても困らないけど、あったらもっと充実する「プラスα」の商品やサービスなの。

よしみ そのプラスαは、人によって違いそうですね。

リエ まさにそう。人それぞれだよね。経済成長期にみんながこぞってカラーテレビに憧れたような感じじゃなくて、いまの時代は「好き」や「欲しい」のべクトルがバラバラ。ファッション、本、旅行、音楽って、それぞれが自分の生活をより充実させるプラスαを自由に選んでるよね。

サメコ 嗜好《しこう》が多様化していて、ひと口にファッションといってもすごい幅が広いですよね。だから、音楽やドラマなんかでも昔ほどのメガヒットが生まれづらいって、よく聞きますけれど。

よしみ そうだね。でも、だからこそ、**私たちが個人レベルで提供するニッチなサービスが売れる可能性がある**というわけ。前に、若い人の間で缶バッジが流行っていて、製作している会社が業績を伸ばしているってニュースを見たことがあるの。私みたいに缶バッジを買わない層は最初からターゲットにしてないんだよね。

リエ スポーツチームとかのコレクターアイテムとしてもバッジは根強い人気がありますよね。バッグやジャケットにピンバッジをたくさんつけたカジュアルなファッションはこちらでもよく見かけます。

よしみ そうやって一定数の人に響いて、**「生活をより楽しくするために欲しい♡」**

って思ってもらえたら、大成功なんだよね。いまは小さなビジネスをしやすいし、個人の才能を活かしやすいとてもいい時代だと思うな。

サメコ 本の宣伝一つとっても、昔は、テレビや雑誌に取材をしてもらうか、自分で新聞広告を打つくらいしか方法がありませんでしたよね。

よしみ それがいまはＳＮＳがある。ＳＮＳを使えば無料で世界に発信できちゃう。誰にでも平等にチャンスがある。ＳＮＳを一つのツールとして、上手に味方につけられたらいいね。

そして、「全員に好かれよう」「全員によいと言ってもらわなきゃ」という思いを捨てて、私がイイと思うものに楽しく共感してくれる人の声を聞きながら、よりコアな人に響くサービス、商品を作っていくことがヒットを生むコツだよ。

好きだからこそ、追求できる!

リエ よしみさんを見ていると、日々、進化していてすごいな〜って思うんです。考え方やセミナーもバージョンアップを繰り返しているというか。

よしみ 本当? うれしい。「好き」を仕事にするって覚悟を決めて、邁進していくと、「好きなこと」だから、もっともっとやりたくなるし、もっともっと研究したくなるし、もっともっと極めたくなるんだよね。

サメコ 先ほど、お話を伺った編集者のBさんも、「売れる著者」から「好きな著者」に切り替えてうまくいったのは、相手をリスペクトして、「もっともっと」って、のめり込む熱意が作品に反映されたからじゃないでしょうか。

よしみ その通りだと思う。なにしろ、自分が「惚《ほ》れた著者」が相手なんだから、もっとこういう情報が欲しい、もっとこんな角度から話を聞きたいって、読者目線の要望もわかるよね。好きな相手のことは、どんどん研究できちゃう。そうすると、いままでにない本が生み出せたりする。著者自身も気づかなかった魅力が開花したりね。編集者と著者の相性って、ものすごく大事だなって思うけど、それはほかの仕事や人間関係にもいえること。

リエ　「好き」って、知らず知らずのうちに追求できるものなんですね。

よしみ　うん。自然と博士みたいになるよね。私はいつも、自分が知らないことは「オタク」な人から教えてもらいたいって思っているの。オタクってネガティブなイメージも抱かれがちな言葉だけど、私はものすごくポジティブな意味で使ってる。

リエ　映画や本や音楽なんかも、オタクな人の解説はおもしろいですよね！　あと、家電量販店でも家電オタクだな～って感じる店員さんのほうが信頼できたり（笑）。

よしみ　だよね！　私、この前まで、ちょっと体がたるんだなって思ってパーソナルトレーニングに通っていたのね。運動嫌いだから、案の定、すぐやめちゃったんだけど（笑）。でも、そのときのトレーナーさんがすごかったの。

サメコ　女性ですか？

よしみ そうそう。自分を実験台にして、ありとあらゆる筋肉にいい食事や生活習慣やトレーニング法を研究しつくしていた人でね。おそばを食べるときも糖質が含まれているめんつゆは避けて、オリーブオイルやお塩を試すんだって。それをものすごく楽しそうに話してくれるの。私にはムリ！ オタクの方におまかせして、結果をいろいろ教えていただこうと思ったよね（笑）。

リエ よしみさんは、何オタクですか？

よしみ いつも、「マーケティングオタク」って言ってる（笑）。集客の仕方とか、どうしてこの商品が売れているのか？ を考えるのが大好き。テレビを観ながら、「ここにどれくらいお金が掛かっていて、利益率は」ってブツブツ言っちゃう。彼に「ずっと、そんなことを考えながら観ていて疲れない？」って言われるんだけど、私には、本当にそれが楽しいの。

サメコ いまのお仕事にも通じていますよね。

よしみ 一石二鳥だよね。**自分が「オタク」になれるくらい興味のあること、追求したいことは、自分の人生の中で輝き出す**と思うの。掃除オタク？ 美容オタク？ 自分は何オタクか考えてみよう。

まとめ

summary

ゴールに向かう過程をウキウキしながら楽しむ

お金のことを考えると、つい物事を「損得」で選びたくなりますよね。

でも、「損得」で考えると、「好き」が濁ります。

「ワクワクはしないけど、おそらくこっちのほうが得」「楽しくないけど、こっちの方が安全パイ」

そんな気持ちで何かを選ぶと、もしも期待したような結果が出なかったときに、「せっかく、ガマンしてこっちを選んだのに！」って頭にくるんです。

選んだのは自分なのに、周囲の人や環境に怒りを抱きます。そして、ますます「好き」や「ワクワク」であふれた毎日とは程遠くなっていきます。

「好き」って一見、ムダに思えることが多い。

だって「好き」とか「楽しい」は感情だから、そもそも合理性とは関係がありません。ムダがあって当然なんです。

だけど、ムダなことも夢中になってやると、エネルギーがドバドバーッ♡と出て、出した分、お金というエネルギーが入ってくることになります。


間違えてはいけないのは、**最初の判断基準を「損得」にしないこと。そして、「これが好き。やりたい！」って思ったことを、ムリに「得なこと」に変換しようとしないこと。**

得はあとからついてくるものです。最初から変換しようとすると、「やっても儲からないじゃん！」って、途中で苦しくなる危険性が大きくなります。

まとめ
summary

私の周りにいる好きなことを仕事にして年収１０００万円以上を稼いでいる人たちは、損得勘定がものすごくあったり、ギラギラした野心家だったわけではありません。

ピュアに好きなことをしていたら、「いまの楽しい毎日がやってきた」と、口をそろえて言います。

もちろん、そこまでの努力や戦略はあります。「好き」なことをどうやって、利益にするのか？　この思考はものすごく大事です。

だけど、「好き」からスタートして、「成果」というゴールにたどりつくまでの「うれしい」「楽しい」を感じる過程を無視してはいけません。

むしろ、その過程こそが、より大きな次の成功につながるエネルギーにもなります。

「小さな成功体験をいくつも重ねましょう」

私が何度も言うのは、最初から、大本命の大きな扉を開けるのは難しいからです。

大本命の扉を探して、見つからないことに嫌気がさしたり、見つかっても扉が大きくて重すぎて開かなかったり、いま持っている鍵では開かなかったり……。

そうすると、「もういいや」って諦めたくもなりますよね。

そんなときは、目の前にある小さな扉を、どんどん開けていきましょう。きっと目の前にある扉なら、いまのあなたが持っている鍵である「好き」で、気持ちよく開けることができるはずです。

そうやって、楽しんでワクワクしながら、目の前の扉を開け続けていると、知らず知らずのうちに、道は進んでいるし、そこはもう、

まとめ
summary

扉を開ける前にいた世界とは違う世界になっているはずです。

そして「いま」を楽しみながら扉を開けていると、ある日突然、「ドドン」と目の前に大本命の扉が現れます。

そのときが、抜群のタイミング！

あなたは、そのとき持っている「鍵」で、大本命の大きな扉を華麗に開けることができるのです。

それまで、「好き」を楽しむことで、「鍵」を磨き、バージョンアップさせておきましょう。

焦らなくても、大本命はぴったりのタイミングでやってきます♡

LESSON 6

よしみ流「好きなことで稼ぐ」実践編

ビジネスのコンセプトを決めよう

よしみ　ここからは少し実践編ってことで、好きなことでお金を稼ぐ具体的なヒントを伝えちゃうね。やりたいことが決まったら、次に**「お客さんになってみてくれるのはどんな人か」「提供するサービス内容」を具体的に考えてみてほしいの。**

まずは仮説で大丈夫。ゲームみたいにワクワクしながら考えるのがコツだよ。

一つ、私のセミナーにきてくれたCさんの例を紹介するね。彼女はOLをしながらフラワーコーディネーターの資格を取った人で、お花の教室を開きたいけど、どんなビジネスをすればいいのかわからないってことだったのね。

そこで、私が提案したのが次のようなコンセプト（左ページ参照）。

リエ　ここまで細かくイメージするんですね！

よしみ　うん、試算もしてほしいの。左の表のパッケージに、ひと月に5人の新規申し込みがあったら、ひと月あたりの収益は75万円。ということは年間で900万円の売り上げになるということ。フラワーアレンジメントがとっても楽しくなって、結婚後の新居にもオリジナルのアレンジを飾りたいと思う方も多いと思うから、その後のフォローのレッスンもやったら、年商1000万円も見えてくるよね。

ターゲット

結婚を控えた「プレ花嫁さん」

（手作りのブーケで結婚式を迎えたい）

提供するサービス

3か月コースで教えるマンツーマンレッスン

フラワーアレンジを一通りマスターして、本格的にオリジナルブーケを作るコース。2か月間で練習して、最後の1か月でデザイン、制作

料金

3か月15万円

（材料費込み。6回分）

リエ　すごい！　もう1000万が見えるなんて！

サメコ　初心者のプレ花嫁さんがプロにマンツーマンレッスンをしてもらえるのは心強いですね。結婚式は人生で特別な1日だし、人気のサービスになりそう！

よしみ　結婚式は新郎の胸元に飾るブートニアとか、ご両親に贈る花束とか、思いを込められるお花の出番がとても多いから。個人レッスンなら新郎さんも一緒にレッスンを受けることも可能だろうし、二人の絆もより深まりそう。って、妄想なのに、楽しくて盛り上がっちゃう。要は、**コンセプトを見た人が、「それ、私のこと！」って思っちゃうくらい相手を具体的に考えることが大事なの。**

リエ　イメージ先行はダメですか？「幸せフラワーアレンジメント講座」とか（笑）。

よしみ　素敵なイメージ作りは大事だけど、ふわっとしすぎていると、誰の目にも「私に必要！」って映らない可能性が高いんだよね。**だからビジネスのコンセプト作りは、「こんな人」を「こうできる」って考える作業なの。**「いま結婚したい人を結婚させる」「やせたい人を5キロやせさせる」って、明確なほどいいね。

リエ　私は、米国にオフィスを置きたい企業や個人の方をアテンドしたいんです。

よしみ　じゃあ、お客さんは観光客じゃなくて、「ニューヨークでビジネスをする日本人」って、すでに「こんな人」が絞られているね！

最初のブランディングは（仮）でOK

リエ　でも、ブランディングが不安。自分ではまったく思いつかない。どうしたらいいですか？　よしみさんみたいな「ゆるふわ」とか、いいワードが少しも思い浮かびません（涙）。

よしみ　リエちゃんはリピーターや口コミで人脈を広げていくタイプだから、そこまでブランディング戦略はなくてもいいかな。

リエ　どこで、そう思ってくださったんですか？

よしみ　ひと言で言うと「信頼感」。リエちゃんと仕事した人は、きっと、ほかの人に紹介したくなるはず。だから、一つひとつの仕事を誠実にやることが、リエちゃんのブランディングだと思っていいくらい。私の友人に似たタイプの人がいるの。

サメコ　どんな方なんですか？

よしみ　結婚式に司会を派遣する会社の経営者であり司会者の奥井真実子さん。彼女はただの一度も営業をしたことがなくて、すべて紹介で取引先が広がったの。広報活動といえるのはブログ。それも自分のアピールじゃなくて披露宴のウエディングレポートをたくさんあげてるの。真実子さんのブランディングは「ブライダルが大好きな司会者」だね。ブログからブライダルへの熱い愛がほとばしってる（笑）。

リエ　新郎新婦もそういう情熱のある人にお願いしたいと思うでしょうね。

よしみ　うん。真実子さんのすごいところは、**まったく「ブランディングしよう」って考えていないこと。**ただただ司会が大好きで、目の前の一つひとつの披露宴に全力投球！　その姿勢が、彼女のブランディングそのものだなって。私が司会を辞めた理由の一つはこの真実子さんにもあるんだ。あるお式の司会を終えた後に、真実子さんに「どうだった？」って電話で聞かれてね。滞りなかったって意味を込めて「普通でした」って答えたら、「普通なんてことないでしょ？　だって結婚式だよ！　感動ポイントがいっぱいあったでしよ？」って言われて、ああ、私はこの仕事にそこまでの情熱を向けられないということは違うのかもしれないって思ったんだよね。

リエ そんないきさつがあったんですね。それで、パーソナルスタイリストとしてすぐにブランディングできたんですか？

よしみ **ブランディングって、最初にしっかり固めるべきだって思う人が多いんだけど、仕事をしていく中で積み上がっていくものなんだよね。**とってつけたような内容だと絶対、お客様は気づくしね（笑）。

だから、**最初は「ブランディング（仮）」**でいいんだよ。

それを踏まえて、私のオリジナルブランディングのコツを教えるね。

①自分
②お客様
③提供できる未来

この3つを考えてみるの。そうすると、最初はペラペラだったブランディングがどんどん厚みを増していくの。私もしばらく手探り状態だったけど、

①自分（「外見コンプレックス」がすごくて、服にお金を掛けまくっていた元販売員）
②お客様（毎日会社に着ていく洋服に悩んで朝の支度の時間がおっくうになっている）
③提供できる未来（自分が最高に素敵に見える服がクローゼットに並んで、朝の支度の時間が楽しくなる♡）

というふうに具体的に考えていったんだ。

サメコ　すごく具体的!!

よしみ　そうすると、ＯＬさん向けだったら、イメージカラーは薄いピンクがいいかなとか、ブログの更新は通勤時間に合わせようとか、イベントは土日だなとか、どんどん方向性が見えてきて、ブランディングも決まりやすい。まぁ、でもいろいろ試しながら、固めていく感じだよ、私も。昔は恋もテーマにしちゃってたなぁ（笑）。

リエ　意外！　どんなことをしたんですか？

よしみ 「恋、仕事、おしゃれは三種の神器」とかいって、「恋するお茶会」を開いてみたり（笑）。どうしよう、恥ずかしい（笑）。「オシャリスト」って名乗ってたときもあったよ。結構、ウケるでしょ（笑）。

リエ よしみさんでも最初からキリッとスタイルが決まっていたわけじゃないと教えてもらえて、安心しました（笑）。

よしみ リエちゃんは、「土地勘や語学力がない人でも安心してニューヨークでビジネスを展開できる」って、「自分が提供できる未来」を明確にブログに書いていけば、未来のお客様が検索で見つけてくれるはず。

①「ブランディング（仮）」を設定する
②（仮）で行動して自分を俯瞰《ふかん》する
③変えることを恐れない

この3つの流れでやってきて、私も起業して3年目ぐらいに自分の方向性を変え出したんだ。そのころからブログで「好きを仕事にできる」って発信し始めたの。**いくらでも変わっていいから、安心して右往左往してみてね。**

リエちゃんの例

3つの流れ
を考えよう♡

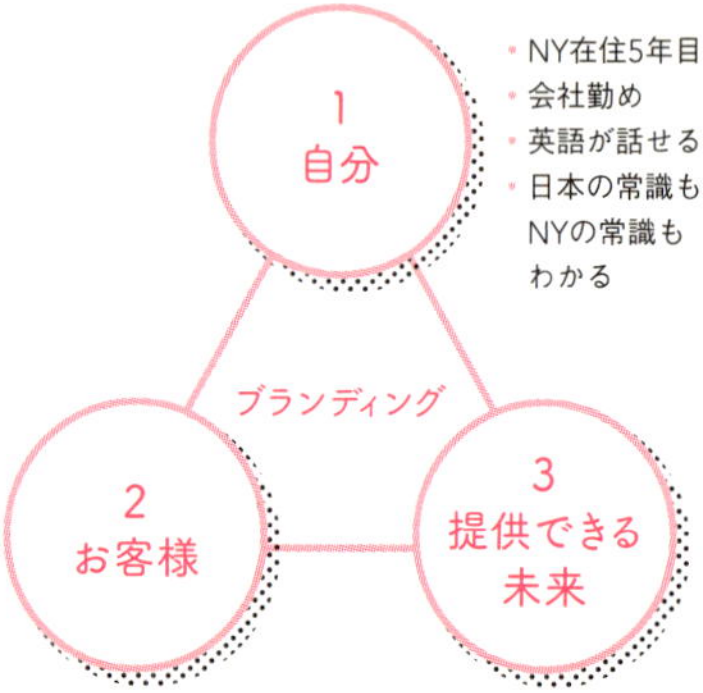

1 自分
- NY在住5年目
- 会社勤め
- 英語が話せる
- 日本の常識もNYの常識もわかる

2 お客様
- NYでビジネスをしたい人
- ビジネスでNYに来た人
- NY出張の役員の人
- NYで活躍するタレントを抱えている事務所

3 提供できる未来
- ホテルにバスタブがあるかなどの細かい確認ができる
- 日本にいるように不自由なく過ごせる
- NYのパーソナルアシスタントを持てる

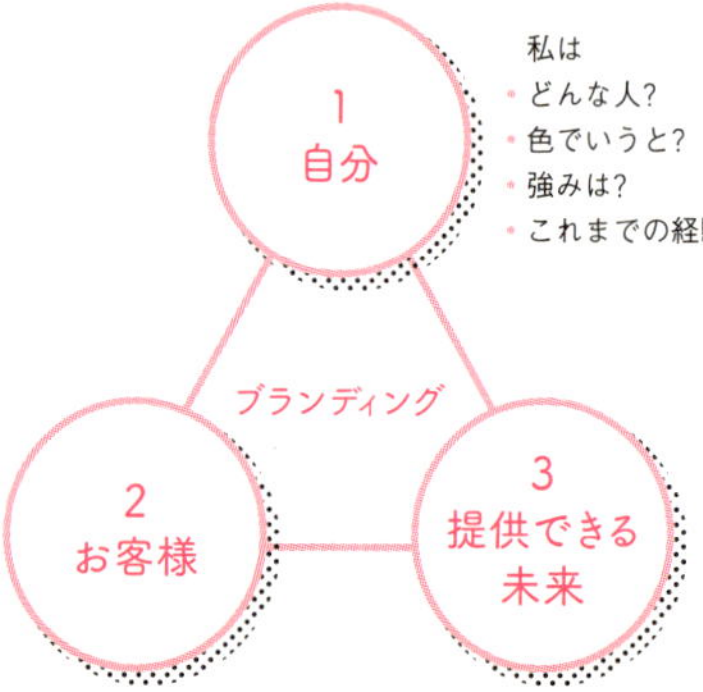

1 自分
私は
- どんな人?
- 色でいうと?
- 強みは?
- これまでの経験

2 お客様
どんなお客様?
具体的に
- 年齢
- 職業
- 住んでいる場所
- どんな悩みがある?

3 提供できる未来
- 左に書いたお客様にどんな未来を提供できる？

1～3を明確にすればするほど、ブランディングは見えてくる!!
最初は「仮」でいいので試しながら、色濃くしていこう♡

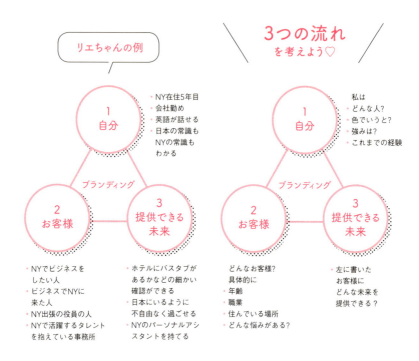

自分のどこにファンがつくのか考える

よしみ セミナーの生徒さんたちに、「あなたのどこにファンになってもらえるか考えてください」ってよく言うの。でも、最初は自分を客観視するのが難しいんだよね。

リエ 私も自分のアピールすべきところが、わかりません。

よしみ **そんなときは、人に聞いてみるといいよ。** リエちゃんは気配りがピカイチだもん。私のニューヨークツアーのお客様は、みんなリエちゃんの大ファンだよ。

リエ うれしい！ アピールポイントって、ほかの方が教えてくれるものなのかも。

よしみ そう思うよ。私も初期はコンサバティブな大人カジュアルが好きで、パンツスタイルばっかりだったの。だけど「女の子っぽいね」って言われることが多くて。「ん⁉　ワンピースの一着も持ってないのに？」って感じだったんだけど（笑）。

サメコ　1冊目のご本からガーリーな印象がありました。

よしみ　でしょ。起業当初からデザイナーさんに提案されるリーフレットや名刺のデザインもピンクばっかりで、「ベージュとか茶系が好きなのにな」って思ってたんだけどね。でも、あまりに「ふんわりした印象」って言われるから、ちょっと髪型やファッションをゆるめに意識してみたら、ものすごくウケがよくて。あれ、意外とイケてるのかな？　と思っているうちに、「外見ふわっと、中身しっかり」がキャッチコピーみたいになったの。

リエ　よしみさんファンの方は、大人ガーリーなファッション誌が好きなイメージです。

よしみ　そういうスタイルも仕事をしていくうちにわかってきて、作りあげてきた部分だね。いまはSNSを使わない手はないから、ぜひ始めてほしいな。書いたら、「自分だったら自分のファンになる？」「このブログのメルマガに登録する？」「自分のどこを魅力だと思ってファンになってもらえると思う？」

って、自問自答してみてほしいの。

サメコ 写真と経歴と得意分野をしっかり載せると、反応してくれる人が多いですよね。

よしみ そうだね。ある生徒さんが、理系の大学講師を辞めてカウンセラーとして起業された方だったんだけど、それまでの経歴をまったく書いてなかったのね。「なんで書かないの?」って聞いたら、「そんなこと書いていいんですか?」って。

サメコ 彼女の中で当たり前すぎてそれが強みや個性だなんて思われていなかったんですね。

よしみ そう。自分は普通に歩いてきた道だから、「それが特徴」とか「どれが強み」って、すごくわかりにくい。だから、まずは「自分の洗い出し」をすることがとても大切。さっき（LESSON5）の「好き」「楽しい」「得意」「経験」の「経験」の部分だね。好きな仕事をしたくて大学講師を辞めた。それって、すごい経験だと思うの。

リエ 積み上げてきたキャリアと関係のない分野にいく覚悟がすごいですよね。

よしみ そうでしょ。現状が自分の望んだものじゃなくても「これまでの努力がムダになるから」って、必死でガマンしている方も多いと思うの。だから、努力やキャリアを手放して「好き」の方向に一歩踏み出した人の話にはとても需要がある。

話を聞いた上で、「私も！」と思うか、「私は、やっぱりいまの環境でやろう」って思うかは、聞いた人次第。

多くの人から「自分」を選んでもらうときに、「共感してもらえるか」は大事なポイントだよ。私も「高卒」ってことをマイナスなイメージと捉えて隠すより全面に出したことで、「高卒でキャリアのない人でも起業してうまくいったんだ!!」って共感してくださる人がたくさんいたの。だから、「自分の洗い出し」は、ぜひぜひしてほしいな。**「個性が伝われば伝わるほど、ファンになってもらいやすい」**って覚えておいてね。

そして、「自分の洗い出し」をしたら、周りの人からの「◯◯ちゃんっぽいね」とか「それ上手だね」「そんなことできるの。すごい！」「それどうやってやるの？」を聞き逃さないこと。そこに自分の才能や強みが隠れていたりするからね。

「自分自身」が仕事になる

サメコ　いまは自分がコンテンツになる時代だってよくいわれます。

よしみ　そうだね、「自分自身が仕事になる」とは、本当によく聞くね。

サメコ　実際、よしみさんも、ご自身の「起業体験」で得たことをコンテンツにして、シェアされていますよね。

よしみ　そうなの。私は自分が起業をしたヒストリー、人生を自分の理想に近づけていくために見つけたテクニックやマインドをコンテンツ化してサービスにしている。

リエ　自分自身がサービスであり、商品……。

よしみ　もちろん、自分を商品にしないビジネスモデルもたくさんあるよ。でも、いまは個人でメディア（SNS）が持てる時代でしょ？　自分をコンテンツ、商品、サービスにする方法は、ビジネスの最初の一歩として、すごくやりやすいと思う。

リエ　たとえば、どんなことをサービスにしたらいいんですか？

よしみ　まず、「誰かのお悩みを解決する」ことが一つのサービスやコンテンツになるね。リエちゃんが、「これからやろう！」って思いついたアテンドのビジネスもそうだよね。私のような「ニューヨークでいろいろやりたいけど、言葉も通じない！　土地勘もない！　知り合いもいない‼　不安」っていうお悩みを解決できちゃうサービス。

リエ　そうかそうか、そうですね。具体的なお悩みを提案したら「私も頼みたい！」って思ってもらえそうです。

よしみ　あとは「過去に自分の悩み」を克服した人は、それもコンテンツになる。たとえばすごいダイエットに成功した人とか。大好きな人と復縁した人とか。悩んでいる人の気持ちがわかるわけだし、成功した人はたくさん研究しているはず。奥深いコンテンツになるよね。

サメコ　私の場合、婚活がそんな感じかも（笑）。独身時代、「本当に結婚できるのだろうか」と悩んで、研究と努力を重ねて、いまの夫に出会い結婚できたので、その知識や経験をまとめてほしいと依頼をいただいたこともあります。

よしみ すごいね!! そうそう、そういうこと。あとはね、**「自然にできちゃうこと」を仕事にする。**恋愛もサメコちゃんみたいに研究を重ねて努力した人もいれば、「彼氏がいなかった時期がありません」って人もいるじゃない？ もちろん後者の人も、そのテーマを仕事にすることができるの。

サメコ えーー、そうなんですね！

よしみ 後者の人はできることが「あたりまえ」すぎて商品になることに気がついていないから、周りの人に恋愛のどんなことで悩んでいるかを聞いて、「私だったらこうする」を全部、洗い出してみるの。自然とできる人ってメールの返しが秀逸だったり、恋愛のマインドが神レベルだったりするわけ。そういうことを洗い出して発信すると、「もっと知りたい！」と言ってくれる人がたくさん現れるよ。

サメコ
①誰かのお悩みを自分が解決できるか考えてみる
②過去に自分が悩んで解決した成功体験をコンテンツにできるか考えてみる

③自然とできてしまうことをコンテンツにできるか洗い出してみる

というこ とですね！

リエ　その3つのパターンを自分に当てはめて考えてみるといいのね。私は、やっぱり①だな〜。ニューヨークでアテンドをお願いしたいという人のアシストをしたいな。

サメコ　もうすでに、よしみさんのアテンドを2回して、仕事になっているもんね。

リエ　本当にそうだね！　なんだかできそうな気がしてきた、不思議。自分で仕事を始めるなんて。やりたいけどやっぱりムリ！　ってこれまではモンモンとしてばかりだったのに。

考えすぎずに「軽く投げる」のが大切

よしみ リエちゃん、「とりあえず、やってみる!!」のがいいよ。新しいことをどんどんうまくいかせる秘訣は「軽く投げる」ことなんだから。

リエ 出た！ 軽く投げる!! よしみさんの軽く投げるって言葉、大好きなんです。

よしみ リエちゃんが「人のアシストをしたい！」って思いついた先を考えすぎないで、**「いまできることを、とりあえずやってみる」のが軽く投げる**ってこと。

リエ たとえば、どんな感じにやってみるといいですか？

よしみ 私は「おしゃれが苦手な人のお買い物に同行したい」って思いついたとき、まずはたくさんリサーチしたよ。それから同行サービスのブログを開設したの。

リエ リサーチって、どんなことをですか？

よしみ 私が考えている仕事をほかの人もやっているなら、どんなふうにやっているんだろうって、ヒントをたくさん集めたの。場所、値段、メニュー、集客方法。ネットを検索するだけでも本当にたくさんの情報が集まるよ。

サメコ もともと、司会者としてのブログはやってらしたんですよね。

よしみ うん。それとは別に「私と一緒にお買い物に行きませんか?」っていう怪しいブログを開設したの(笑)。そのブログは誰の目にも留まらずに消え去ることになるんだけど、**「とりあえずやってみる」ってアクションが、後々、生きてくるんだよね。**

リエ 「よく考えて、あとから行動する」じゃないんですね。

よしみ そう! **大事なのは、「やりながら考える」ってこと。**みんな、逆なんだよー。考えに考えて考えすぎちゃって、「ムリ」ってなっちゃう。それはもったいないから、いまできることをやってみる。で、やりながら考えて、調整していくの。

サメコ それが、よしみさんのおっしゃる「軽く投げる」ですね!

よしみ そうそう。みんな、投げる前に、「絶対に当てなきゃ! 失敗できない!!」って気負いすぎるから、投げる球を磨きに磨いて、渾身《こんしん》の一球を投げたくなるのよね。で、それが当たらなかったら「私はダメだ」って一気に自信をなくしちゃう。**本当は「私がダメ」なんじゃなくて、投げ方がダメだったか、投げた球の種類が違っただけなの。**だから、まずは軽く投げてみて、「これは違うかな」って思ったら、投げる球の種類や投げ方を変えてみたりすればいいわけ。

リエちゃんだったら、とりあえず、「こういう仕事をしようと思っている」って周りの人に話してみるのもいいし、ブログをホームページ代わりに開設して、メニューを作ってアップしてみるのもいいね。

リエ え！ もう、メニューを作ってしまっていいんですか⁉

よしみ それもね、**やりながら調整するの！** よく言われるのが、「それでお客さんが来たらどうするんですか」って。いや、そんなに簡単にお客さんは来ないよ。逆に来たらすごいし、まず誰も見てないからとりあえず出してみてって(笑)。

そして、友人や家族にメニューを見てもらって、どんどんブラッシュアップしていく。ブログや簡易なホームページなら、簡単に手直しできるからね。

リエ わかりました！ どんどん「軽く」投げてみます‼

「自分」を出し惜しみしない

サメコ　よしみさんのブログの文章って出し惜しみしないですよね。ブログはタダで見れちゃうのに。

よしみ　私のウリは文章だから、「そこを出し惜しみしたら、ファンどころか読者にさえなってもらえない」と思って意識してるかも。

リエ　よくブログで見かけるのが、さわりだけ書いてあって、核心部分は動画で購入できますみたいな。

よしみ　販売につなげるセールス方式ね（笑）。でもそういう書き方は、「どうせビジネスなんでしょ？」って、あまりファンにはなってもらえないよね。

サメコ　だから、ちゃんと欲しい答えまで書いてくれるよしみさんのブログは読後感がいいんですよ。

よしみ プロのサメコちゃんにそう言ってもらえてうれしい!! 私は、**お金と一緒で、いくら出してもアイディアは次々と出てくるって思ってるの。**たとえ、お金をいただかなくても、ブログなんかで私がビジネスのアイディアやマインドのことをどんどんシェアできるのは、なくならないと思っているから。

サメコ そこが器の大きいところですよね。

よしみ 器の大きさというよりも、**「アイディアはなくならない。お金はなくならない。出しても入ってくる」**って信用しているの。
むしろ、**お金もアイディアも自分から出して循環させないと、より新しいもの、より大きいものは入ってこない**って思ってるんだ。

リエ たとえば、自分のアイディアをほかの人に使われたらどうしようとか、もったいないとかは思わないんですか?

よしみ あんまり思わないなぁ。また自分にピッタリのアイディアがピッタリのタイミングで浮かぶって信じてる（笑）。
リエちゃんとサメコちゃんも、自分たちのいちばんいいところを知ってもらうために、アイディアがひらめいたら、すぐに出しちゃうのがいいよ。

年収1000万円シミュレーションをしてみちゃう♡

よしみ　私の初めての本が『可愛いままで年収1000万円』ってタイトルだったんだけど、年収1000万円は夢の金額ではないんだ。あの本を読んだたくさんの読者さんから「年収1000万円が叶いました！」って声が届いたの。リエちゃん、シミュレーションしてみて。たとえば、ニューヨークのアテンドの仕事を1回10万円で請け負います。月に8人にお願いされます。そしたら年間で1000万円近く稼げるよね？

リエ　本当だ!!　でも、料金を10万円に設定して毎月8件もクライアントさんを取れるかしら？　という不安があります。

よしみ　そうだね。もちろん最初から、すぐ叶うってわけじゃないと思うけど、シミュレーションだけしてみるの。そうすると絶対にムリ！　って数字じゃなくない?? 1か月に100人とかだとムリー!! ってなるけど、8人ならイケるかも……みたいな。

リエ そうですね。ツアー行程を決めたり、お店の予約をしたり、参加者さんのフォロー、当日のアテンドを請け負うのを仮に20万円と仮定すると……。月に4名とかならできそうかも。あっ、年収1000万円が見えてきました!

よしみ その「見えた!!」が超重要。年収1000万円を「手の届かない天文学的な数字」と思うか、「あれ、いけるかも?」って数字にするかでは雲泥の差!!

リエ そっか! でも〜……やっぱり、この値段で来てもらえるかな。

よしみ 少しずつ金額も調整すればいいよ。私も最初は数千円のメニューから始めたし、**サービスも、お手軽なものからガッツリまで用意しておくといいね。**リエちゃんの場合は年間で契約してもらうのもよさそう。あっ、それとね、価格はむやみやたらに安くしないこと。

リエ えっ。たくさんの人に来てほしいから、ついつい安くしちゃいそう!

よしみ その気持ち、すごくわかるな。私も、パーソナルスタイリストのときに安価なお試しメニューを用意したことがあったの。でもね、そのメニューを選ばれる方は、「私」ではなく「値段」を選んで来てくれる人ばかりだったのよ。だから長いお付き合いにはならなくって。**「私」や「商品」で選ばれるようになると、ものすごく仕事も楽しいよ。**せっかく「好き」を仕事にしたんだから、来てくださるお客様も「大好き」な人に囲まれて仕事をしたいよね。

サメコ　金額がもっと大きくなっても、同じ考え方ですか？

よしみ　同じだよ。**年収3000万円でも1億円でも、「いける!!」って自分が腹落ちできたら、達成できるの！**　これは私が実証済みだよ。でも、いまの私には年商10億円はまだシミュレーションできないんだ。わかるのは、「いまの自分のやり方では、たどりつけない」ってことだけ。

リエ　たぶん、よしみさんにとっての年商10億円が、私にとっては「副業で年収1000万円」の感覚なのかもしれません。

よしみ　そっか。**「たどりつき方がわからない」って思ったら、金額をもっと下げてみて。**試しに100万円からやってみようか？　100万円のシミュレーションができたら、次は「200万円までいけるかな？」って更新していこう。私も、月収30万円を目指していたときと同じやり方で、いまでは数億円を計算してるよ。リエちゃんがやりたい仮のメニューを考えて、金額をつけてみて。何をどれだけやれば、希望の月収と年収になるかを考えてみよう。

サメコ　そのシミュレーション、なんだかワクワクしますね。

よしみ　でしょ!?　私も大好きで、毎月やっているときもあったくらい。

リエ　さすが！　私の設定する目標が「副業で年収１００万円」なら、年間に10万円のメニューを10人ですよね。それならすぐにイメージできそう!!

よしみ　そうそう！　その調子。シミュレーションをして、「こんなに働かなくちゃいけないんだ……」って悲しくなったら、もうダメだよね。「よし、いける！　これなら私も心地よく働けるし、楽しい」って思ったらいけるの。そんなふうにシミュレーションできたときは、「意外とカンタンじゃーん♪」って思うものだよ。

いまのリエちゃんが**「楽しい！　カンタン！」って感じられるラインを探して、年収1000万円まで更新し続けていってね♡**

まとめ

summary

小さいことからスタートして、楽しいことでお金をいただく♡

自分の「なぜかできちゃう」や「好きなこと」をお金にするコツは、「小さいことから始める」です。私は最初、パーソナルスタイリストとして、お客様の肌の色や骨格から、似合う服の傾向を診断し、ショッピングに同行して洋服をスタイリングするという仕事で起業しました。

まずは友人30人以上に練習台になってもらいました。すると、みんながとても喜んでくれて、「私の友だちもやってほしいはず！」と、次々に人を紹介してくれたんです。毎日が夢中で、本当にワクワクしました。

そして、次は無料モニターをブログで募集してみました。
私のブログを見てくださっている方が本当にいるのか、いたとしても反応してくれる人なんているのだろうか……。とても不安でしたが、数名の方が申し込んでくださって、ものすごく自信になりました。

そして数か月後、プレオープンという形で、設定したメニュー料金の半額で募集を開始しました。最初のお客様は正規料金8000円のカラー診断メニューを申し込んでくださった方です。申し込みがあったとき、自分の部屋で一人叫びました。当日、半額の4000円をいただきました。

こんなに楽しいことでお客様に喜んでいただけて、お金をもらえるんだ！　と、感激したあのときのこと。いまでも鮮明に覚えています。

まとめ
summary

私が起業して初めていただいた、かけがえのないファーストキャッシュは、あの４０００円でした。あの日から、もう9年。いま、私は自分の事業を会社にし、一緒に働く仲間のスタッフも増えて、相変わらず楽しく仕事をしています。

模索しながらではありますが、少しずつ少しずつ、目の前の「楽しい」と「好き」に正直に、やってきました。

あなたも、最初から「たくさん稼がなきゃ!!」と焦らず、「こんな楽しいことで、お金もらえちゃうの!?」とワクワクしながら、始めてみてください。その先には、まだ見たことのない景色がきっと広がっていくはずです。

LESSON

7

誰にだって
大大大成功♡
が待っている

私のお給料「これだけ」って誰が決めたの？

よしみ 自分のお給料は、毎月、会社から振り込まれる決まった金額だけ。この考えに一度、疑問を持ってみてほしいんだ。

サメコ 会社員のときは「このお給料が『私の定額』なんだから、その中でやりくりしなくちゃ」って思っていました。でも、その後に副業をしたときやフリーランスになったいまも、お金はちゃんともらえています。そう考えると、「お金が自分に入ってくるルート」って一つじゃないんですよね。

よしみ そうなの!! 入ってくる金額の中で上手に節約してやりくりするのも、もちろんいい。「厳選力」を使ってムダなものを買わないことも大事だよね。でも、もう一つ、「自分に入ってくるお金を増やす」という選択肢を大きく掲げておいてほしいの。そうすれば、もっともっと、みんな楽しく稼げるもん。

サメコ　「これ以上は稼げない」って決めつけたらもったいないですね。

よしみ　そう。**自分のお給料の金額を決めているのは、じつは自分なんだよね。**

リエ　今回、こうやってよしみさん、サメコちゃんと話せて、「自分の好きなこと、やっていて楽しいことを少しずつお金に換えていこう」って思えました。そう考えたら、「楽しいこと、好きなことをすればするほど、お金が増える」って単純に思えて、いまは、ただただ静かにワクワクします!!

よしみ　わかる！　私も、いつも「お金がないなー」って思ったら、楽しいことをもっともっとしようってアイディアをたくさん出すの。苦しいアイディアをたくさん出すんじゃなくて、私が楽しくやれてワクワクするサービスのアイディアを考えるんだ。リエちゃんもそうしてみて。「ワクワクしながらお金が入ってくる」っていう幸せなスパイラルの中に身を置けるよ!!

「夢実現」のためのルートを考える

よしみ　**幸せなお金持ちになるには、「夢実現力」もすごく大事かなって思うんだ。**

リエ　「夢実現力」？

よしみ　**「自分の願いを自分が叶えてあげる力」のこと。**たとえば、「ケーキを食べたい」と思ったら、その思いをないがしろにしないでケーキを買いに行く。そういうことね。

リエ　そっか。いくら願っても、自分が行動しなければ叶わないんですものね。

よしみ　そう。私ね、中学生のときに、お小遣い以上のお金が欲しくてたまらなかったの。中学生なりに欲しいCDや洋服があってね。でも、うちの家庭は特別に裕福なわけじゃない。だから、おねだりしてもあんまり効果がなくて。そこで私は、中学2年生の冬休みに友だちと二人で行動に出たの。中学生にもできるアルバイトはないかって、考えたのよ。

リエ 中学生でアルバイトができるんですか？

よしみ ムリじゃない？ でも、私たちよりかなり上の世代は、小学生で新聞配達をする人もいたんだって。その話を思い出して、片っぱしから自転車で通える新聞販売店さんに電話をしたの。そうしたら、ある販売店さんが冬休みの2週間、私たちを新聞配達要員として雇ってくれたの！ 寒い明け方に起きるのは大変だったけど、最終日には、「もう少し続けてくれない？」ってスカウトされたくらい。

リエ すごーい！（笑） 2週間でバイト代はいくらくらいになったんですか？

よしみ 25年くらい前のことだけど、1万円くらいいただいたと思う。ものすごく寒い1月の早朝、生まれて初めて自分で稼いだお金が入った封筒を手にしたんだ。うれしすぎて、友だちと外に出て小躍りしたよね。

リエ まず、中学生の女の子が大人を相手に思いついたことを実行したのがすごいです。

よしみ **「お金が欲しい。でも、中学生だからムリだ」って諦めないで、「どんな選択**

肢があるかな？」って考えて、思いついた選択肢の中で行動してみる。

これってすごく、大人になってからも大切なことだと思うの。たとえ、結果的に失敗に終わっても、選択肢を用意して、行動するというプロセスは「夢実現力」に欠かせないものだよ。

自分への「ほめ言葉」を聞き逃さない!!

よしみ リエちゃんは、人からどんな言葉を掛けられるとうれしい?

リエ 「おかげで助かったよ」とか「ありがとう」って言われるとうれしいです。

よしみ そうなんだね。でも、それだったら毎日、ものすごく言われない? 私、リエちゃんに連呼してる気がするよ(笑)。サメコちゃんは?

サメコ 私は、インタビューさせていただいた方や編集さんから「話を引き出すのがうまいね」って言われることと、読んでくれた人が「いい記事だった」って言ってくれること。イラストをほめてもらうのも、すっごくうれしいです。

よしみ うんうん。私はね、やっぱり文章のセンスをほめられるのがうれしい。内容よりも、言葉のセンスをほめられると、ゾクゾクしちゃう(笑)。

リエ みんな、それぞれですね。

よしみ　そうなの。ほめられてうれしいことも、みんなそれぞれ。**自分が言われるとうれしいほめ言葉の中に、仕事にするとうまくいくヒントが隠れているんだよ。ほめられるところは、人からよろこばれる自分の才能ってことだからね。**

リエ　そうなんですね。でも、私の「ありがとう」は方向性が見えない気がします（汗）。

よしみ　そんなことないよ。この前のニューヨークツアーで、お客様とセントラルパークで写真撮影したときにリエちゃんがアテンドに入ってくれたじゃない？　ものすごく寒い中でスタンバイしていたら、リエちゃんが「よしみさん、あったかいお茶を飲みますか？」って声を掛けてくれたの。私は「どこかで買ってきてくれるのかな？　それなら悪いな」と思って、「いいよ、いいよ」って返事したら、自分のバッグの中から魔法瓶の水筒と紙コップをサッと取り出して。

リエ　ああ、ほうじ茶を用意しておいたんでした。

よしみ　そう、目の前で湯気が立つほうじ茶を注いでくれたの。じつはとっても寒かったから、「ありがとう―――!!　神――!!」って思ったね（笑）。

リエ　お茶やお菓子を用意するのも、撮影の段取りをするのも、「どうしたら効率がいいかな？　どうすれば、みなさんがよろこんでくれるだろう？」ってワクワクしながら、ただただ自分が楽しかったんです。

よしみ　「えっ、これが仕事になっていいの⁉」って思ったくらいです。

リエ　参加者の方たちも本当に感激していて、「リエさん、ありがとう！　好きーーーー♡」って、みんなに言われてたでしょ？

サメコ　本当に恐縮なんですが、とてもうれしかったです。私でも、そんなこと言われたりするんだって。

よしみ　そうやって謙遜するのがリエちゃんのいいところでもあるけど、みなさん、本当によろこんでたよ。もっと自信持って！（笑）

リエ　カメラマンさんからも、「こんなに気遣いができる人と、また仕事したい！撮影のときに、アシスタントをお願いできない？」って言われてたよね。リエちゃんの気遣いとサポート力が、新しい仕事につながって、うれしかったよ。

リエ　自分では気づかないものですね。まさか、気遣い上手と言っていただけるな

よしみ　んて。じゃあやっぱり、私はその部分を仕事にしていけたらいいな。リエちゃんにニューヨークをアテンドしてほしいと思う人はたくさんいるはず。「これは絶対にビジネスになる」って思ったよ。私もニューヨークで調べてほしいことや手続きしてほしいことがあるときは、リエちゃんと契約したいもん。

リエ　えーっ、本当ですか⁇

よしみ　本当だよ！　ぜひお願いしたい！

リエ　じつは、よしみさんのアテンドをお手伝いさせてもらったことで、友人から大手芸能事務所の方のアテンドを依頼されたんです。そのお仕事も、すごく楽しかった。こうやって、自分の「楽しい」が仕事になっていくんですね、そっかぁ。

よしみ　リエちゃんには、人から「ありがとう」ってよろこばれる気遣いの才能があったんだね。**人からのほめ言葉に敏感になって、もっとその言葉を言われるように行動すると、さらに次の仕事がめぐってくるんだよ。**

ダブル＆トリプルワークでいい！

リエ 「好きなことを仕事にしよう」と心が決まってきましたが、いざ始めても「売れない時期」があることを考えると怖いです。よしみさんは、どうやって安定するまでの起業初期を乗り切ったんですか？

よしみ 私は、最初から、「売れよう、有名になろう！」って、野望みたいなものは強くなくて、「いつか年収1000万円とかいったらいいなー、ワクワク♡」という感じだったのね。単に「好きなことをして生活できたらいい」と思ってた。OLのときと同じくらい稼げたら御の字だって。
だから、最初は副業から始めてもいいよね。私も、新しく始めたパーソナルスタイリスト、それまでやっていた司会業、司会事務所のマネージャー業で、トリプルワークをしてたよ。

リエ すごいバイタリティですね！

よしみ リエちゃんも、生活の柱になる安定収入の仕事をしながら、好きなことをちょっとずつ始めてみたらいいんじゃないかな。何が化けるかはわからないから、自分の楽しいことを味わいながら少しずつやる感覚でね。

サメコ 私も会社員をしながら副業してました。定期的に「お料理女子会」っていう参加者20人ぐらいのイベントを開いてたんです。料理教室に通って食事の大切さに気づいて、その知識をお友達にシェアしようと軽い気持ちで始めたんですが、やっていくうちにイベントを企画する楽しさに気づきました。もしかしたらその経験が、いま主宰している「ニューヨーク女子部」というコミュニティの運営に活きているのかもしれません。

よしみ そう、やってみたからわかることってあるよね。怖かったら、足場は本業に置いたままで、一歩を踏み出して、新しい景色を見てほしいな。

私は、その手法を「フェードイン&フェードアウト」って呼んでるの。

リエ 徐々に始めて、徐々にやめるってことですか？

よしみ そう。私自身、きっぱりと前のことをやめて新しいことに挑戦するっていうやり方はしないの。起業してからずっと、新しいことを始めるときは、少しずつ試すようにやってきたのね。**やりたいことも、やれることも変化するから、最初からガチガチに決めなくていいと思ってるんだ。**ポイントは、**「早く始める」「いま思いつくことをとりあえずやる」**の2つかな。

リエ　リーマンショック以降、副業や兼業解禁の企業も増えてきましたよね。でも依然として副業禁止の会社もありますよね。その場合は、どうしたらいいんでしょう。

よしみ　そうだね、副業緩和の流れは、これからどんどん広がっていくよね。でもまだ、副業禁止のところも多い。それは仕方ないとして、もし副業OKの場合はやってみてほしいな。あとはSNSでも顔出ししないで、ハンドルネームを使う人もいるよ。

サメコ　顔出ししなくても、集客できるんですね。

よしみ　もちろん、できるよ。どのSNSも同じイラストやアイコンにして、視認性を高めて印象を強めるとか、いろいろな方法があるからね。でも、やっぱりインターネットで申し込みをしてもらうとなると、顔を出した人のほうが信用されやすい。

だから、その辺は「顔を出さない覚悟」をしておくことが必要。顔を出したらもっとカンタンに得られるだろう信用をどうやって得るかという、努力が必要になるね。

サメコ　ＳＮＳに書き込む内容を濃くするとか、ほかのユーザーとのやりとりを丁寧にするとか、更新頻度を上げるとか、信頼される手段はいくつもありそうですね。

よしみ　そうそう。顔を出さなくても、工夫次第で人柄は伝わるもの。顔を出すか出さないかと同じで、副業も、自分がやりたいか、やりたくないか。ずっと会社員とのダブルワークでやりたいと考えているのなら、副業オッケーの会社に転職するのも一つの方法かも。副業禁止の会社に勤めている人はまずは情報を集めたらいいと思うな。

「夢がない」のは悪いことじゃない！

よしみ リエちゃんは、サポート能力が高いから、そこをビジネスにしていこうよ。

リエ はい。私はこれまで、「うまくいく人」、「稼げる人」は、しっかりした夢があって、周囲を巻き込むリーダータイプだとばかり思っていました。学生時代の就活のときも、自分が先頭に立って成し遂げた経験を話すように言われていたし、自分にはそういうものがないなって、いつも悩んでいたから。いま、サポート能力が仕事になるんだって感動してます。サポートの仕事だと、お給料もあんまり増やせないし、会社員しか道がないから会社を辞められないと思い込んでいました。

よしみ もちろん、自分の人生ではみんなが主役なんだけど、集団の中で役割分担をしたときには、リーダーばっかりだと困っちゃうもんね。いろんな役割の人が必要。コンサルタントとか、サポートの専門家でたくさん稼いでいる人もいっぱいいるでしょ？

リエ　そうなんですよね。だけど、ニューヨークに来てからも、サメコちゃんをはじめ「やりたいことを明確に持っている人たち」にたくさん出会って、日本にいたときよりも、やりたいことがわからない自分に気後れしてしまって。クリエイティブじゃない自分はダメだなぁって、ずっと「夢がないコンプレックス」だったんです。

サメコ　ごめんね。私はやりたいことが山ほどあるタイプだから、リエちゃんにもよく「夢がないなんてはずがないよ、よく考えてみて！」なんて言っちゃってたね。

リエ　ううん。ずっとね、自分でもサメコちゃん主宰の「ニューヨーク女子部」の活動では、どうして自分のモチベーションが上がるのかな？　と思ってたの。やっと「サメコちゃんっていうリーダーをサポートする役目が私には合ってたんだ」って気づいたよ。

サメコ　よしみさんのニューヨークツアーに参加されたお客様が、「リエちゃんは、

リエ 社長を支える役員タイプだね」っておっしゃってたね。

よしみ そうなの、ズバッと言葉にしていただけて、モンモンが吹き飛んじゃった。あの言葉を掛けていただいたことで、「やりたいことがある人を支えるのが、私のやりたいことだ！」って確信できたの。

リエ 前職も転職希望者のサポートだったから、リエちゃんはもともと自分の強みがわかっていたのかもね。「夢を語るためには、リーダーシップが取れないといけない」と思い込んでいただけで。

よしみ ああ。とってもスッキリしました。ずっと原因不明の体調不良でモンモンとしていたところに、「風邪ですよ。お薬を飲んで安静にしていれば治ります」って診断してもらったみたいな感じ（笑）。

リエ とくに、リエちゃんみたいに、補佐に加えて参謀的な動きまでオールマイティにできる人は、とっても貴重だよね。

うれしい！　よしみさんのお仕事のアシスタントをさせていただいて、「この人の役に立ちたい」って、初めて思ったんです。そうしたら、次々に段取りのアイディアが湧いてきました。

よしみ　私にとっても、すっごくありがたかった。リエちゃん、自分の好きなことを好きなように好きなだけやれる感覚をつかんだね♡
リエちゃんがこの2週間で新しいスキルを身につけたとか、ものすごい人脈を手に入れたとかそういうことじゃないのに、ちゃんと「いまの自分のまま」で、もっと楽しく働ける、お給料を増やせる！　って思ったのって、**思い込みがなくなり、考え方が変わった**から。すごい自分にならなくたって、環境が変わらなくたって、生きる世界を変えられるってこういうことなんだよね。

誰にでも大大大成功が待っている!!

リエ 私は、これまでずっとやりたいことがわからなかったから、エネルギーが出ないし、だから、いつもお金に困っていたんだってわかりました。

よしみ それは、あるね。**エネルギーをドバーッと出していないと、ドバーッと入ってくることもなくなっちゃう。**

サメコ 私も夫の転勤でニューヨークに来て、海外で突然専業主婦になったので、最初は何をすればいいかわからず、キャリアに悩んだ時期もありました。あの頃は、やりたいことが明確にある人が本当にうらやましかった。でも悩んでいても何も変わらない。気になったセミナーに行ったり、本を読んだり、人と会ったり、1年くらいひたすら情報集めをしたら、やりたいことが次第に見つかっていきました。

よしみ　情報集めって、本当に大切だよね。**いまワクワクする未来がないのなら、いろんなところに足を運んで情報を集めて、その一つひとつを自分がどう感じるのか確認することが大事。**「これ、素敵！　私もやりたい」って思ったり、「これは私には合わないな」って感じたり。そういう感覚が鈍ると、目の前にちゃんと選択肢があるはずなのに、頭から「ワクワクがない」と思ってしまうからね。

リエ　気づかないってことですか？

よしみ　そうだね。なぜかというと、自分の「好み」がわからない状態だから。この前、オープンカフェで友人たちと話していたとき、一人の友人が「出会いがないの。どうやったら彼ができるかな」って言ったの。そうしたら、恋愛が得意な別の友人が、「この前の道を行き交う男性たちをひたすら何時間も見続けていたら、彼ができるよ」ってアドバイスしたんだよ。

リエ　声を掛けられるってことですか？

よしみ　私もそう思ったのよ！「どういうこと？　声を掛けられるのを待つの？」って聞いたら、「違う違う、たくさんの男性を観察しているうちに、自分の

『好み』がわかるようになるの。この人いいな、この人は合わなさそう、ってわかったら話が早いでしょ？」って。

リエ なるほど〜。

よしみ 私が「自分の好きを見つけることが大事」っていつも伝えていることと同じだって思ったの。**好きを認識して意識するから手に入れられるようになるもんね。**

サメコ その悩んでいたお友だちの男性のタイプって、どんな感じだったんですか？

よしみ 「う〜ん、とくにないな。やさしい人」って。自分の「好き」が本当にあやふやだったの！ やさしい人なら誰でもいいじゃなくて、自分の「好き」をちゃんと見つけて、認識することで、引き寄せられていくんだよね。

リエ つい、「自分の好きに囲まれた理想の生活」までの最短ルートを夢見ちゃうんですけど、成功のルートは、やりながら見つけていくものなんですね。

よしみ 早く成功したいという気持ちはわかるけど、**理想の生活といまの生活のギャップに嫌気がさしてモチベーションが下がってしまったら、意味がない。「いま、やりたいことがない」なら、成功のショートカットを探すんじゃな**

くて、まず選択肢を増やすことが大事。ピンときたものに軽い気持ちで飛び込んでみるといいよね。大成功する可能性は本当に誰にでもあるから。

そう、見つけたルートの先に大成功する可能性があるんだよ♡

❤ WORK ❤

エネルギーをドバーッ！ と出すために自分の人生に本気を出そう

具体的に「やりたいこと」「始めること」を書き出してみよう。

3日以内 （例　インスタのアカウントを開設する）

1週間以内 （例　部屋の大掃除をする）

1か月以内 （例　行ってみたかった場所へ行ってみる）

まとめ

summary

楽しくエネルギーを出すことで、ラクチン♡カンタンにお金持ちになれる!!

私が年収1000万円になったとき、自分が想像していたのと全然違って驚いたことを覚えています。というのも、自分が年収1000万円になるときには、もっと忙しくバリバリ仕事をしていると思っていたから。

でも、その頃の私は、好きな仕事を好きなペースでやっていました。「こんな楽しいことだけをしていて、年収1000万円になるんだ!!」と驚きを隠せませんでした。

起業当初に自分で描いていたストーリーと違いましたが、逆にそのおかげで「好きなことをやって成功する」の手応えを実感し、この方向で進んでいいんだ、という確信が持てました。

「お金」の悩みがあるならば、「節約」ももちろん、一つの方法ですが、ぜひ「お金を増やす」ということも考えていただきたいと思うのです。

その増やす方法はぜひ、自分が「ラクチン♡カンタン」にできる方法で。

そして、心地よく、それを長く続けられるように、より自分がカンタンにできるように工夫しながらやっていっていただきたい。**楽しくルンルン♪とした気持ちで継続することができたら、お金もスルスルと入ってくることになると思うのです。**

自分が「ラクチン♡カンタン」にできることに夢中になって、エネルギーをドバーッと出すことで、そのエネルギーが循環し、お金

まとめ
summary

やチャンスや人脈というエネルギーに変換され自分にまたなだれ込んでくる。

「楽しいことをたくさんすれば、お金は入ってくる♡」と安心することができれば、いつの間にか「お金がなくなる不安」はあなたからなくなっていきます。

ぜひぜひ、みなさんも、少しずつご自分が楽しく「ラクチン♡カンタン」にできることに、エネルギーを注いでみてください。

エネルギーを出した分、何か新しい展開が始まるはずです。

EPILOGUE

おわりに

最後まで読んでくださって、ありがとうございました。

この本に綴った2週間のあと、リエちゃんはアメリカに進出したい方向けのコンサルティングや現地でのアシスタントの仕事を副業として始め、口コミでクライアントがどんどん広がっているそうです。身近にいるサメコちゃんから「リエちゃんが前よりすごくイキイキしていて、本当に楽しそうです！　これがリエちゃんのもともとの姿だったんですね！」と連絡をもらったほどです。

一方、サメコちゃん自身もあれから憧れのメディアでの連載も決まって、ますますライターの仕事が楽しいと言っていました。すごいですよね。

「好きなことを仕事にする。お金をたくさん稼ぐ。それはとても難しいことだ」と考えていると、それが自分の中でどんどん困難なことになっていき、実現が遠くなります。

「好きなことで仕事をするのも、お金をたくさん稼ぐのも、楽しくカンタンにできる♡」と思えれば、本当に楽しくカンタンに、大好きな仕事をしながらお金が入る現実がやってくるのです。

これは、私はもちろん、周りにいるたくさんの人たちが実感していることです。

ぜひ、あなたも、まずご自分の「当たり前にできちゃうこと」「カンタンに人よりもうまくできること」「楽しくワクワクできること」をじっくり観察して、認識し、そこにさらなるエネルギーを注いでみてください。

きっとすごい化学反応が起こって、あなたらしい大大大成功をつかめるはずです。

今回は、初めて「会話形式」で進行する本を書かせていただきました。ニューヨークでの会話を本にすることを快諾してくれた田村梨江さん、鮫川佳那子さん、本当にありがとうございました。

EPILOGUE

2人とみっちり楽しく話したあの2週間が、一冊の本になったことを、とてもうれしく思っています。

そして、こうやって本を書き続けられて、新しいスタイルのものをお届けできるのも、ひとえにいつも私の本を読んでくださるみなさまがいてくださるからこそです。

私がただただ「楽しく夢中」にパソコンに向かって文章を書くことで、みなさまから「ありがとう」をいただけていること。私にとっての人よりもカンタンに楽しくできることが「文章を書く」ことなので、これこそが「ラクチン♡カンタン」で「エネルギー、ドバーッ」だなとあらためて思います。本当にいつもありがとうございます。

最後に、この本を読んでくださったあなたに、ありったけの感謝を込めて。

あなたらしい大大大成功が待っていますように。心から願っています。

宮本佳実

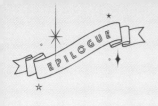

やっぱりお金《かね》も
ラクチンカンタンがうまくいく

2019年3月4日　初版発行

著者　宮本《みやもと》 佳実《よしみ》
発行者　川金 正法
発行　株式会社KADOKAWA
〒102-8177　東京都千代田区富士見2-13-3
電話 0570-002-301（ナビダイヤル）
印刷所　凸版印刷株式会社

ISBN 978-4-04-604117-3 C0030